AF461762

CATALOGUE

DES LIVRES

DE LA

BIBLIOTHÈQUE DE M. L. DE BOISSIEUX

AVOCAT,

DONT LA VENTE AURA LIEU LE VENDREDI 12 MARS 1858 ET JOURS SUIVANTS,

A 6 heures précises du soir,

DANS LA SALLE DES COMMISSAIRES-PRISEURS,

QUAI BON-RENCONTRE, 17.

LYON
SAVY, Libraire-Commissionnaire,
Place Bellecour, 11.

PARIS
CHARAVAY, Libraire,
Rue de Seine-Saint-Germain, 33.

1858

AVIS.

Dans le cours de la vente il sera vendu de bons ouvrages non catalogués.

Les livres vendus devront être collationnés sur place, dans les 24 heures de l'adjudication, pour qu'on soit admis à réclamer, s'il y a lieu.

Il y aura exposition tous les jours de vente de une heure et demie à trois heures, et tout ce qui sera vendu chaque soir y sera exposé.

M. Savy (place Bellecour, 11), chargé de la vente, remplira les commissions qui lui seront confiées.

ON PERCEVRA LE CINQ POUR CENT D'USAGE.

ORDRE DES VACATIONS.

1re VACATION. — Vendredi 12 mars.

Théologie	1—20
Jurisprudence	71—100
Philosophie	286—302
Sciences naturelles	444—457
Médecine	518—534
Belles-lettres	665—682

2e VACATION. — Samedi 13.

Théologie	21—40
Jurisprudence	101—124
Philosophie	303—320
Sciences naturelles	458—471
Médecine	535—550
Belles-Lettres	683—702
Langues étrangères	882—895

3e VACATION. — Lundi 15.

Théologie	41—60
Jurisprudence	125—146
Philosophie	321—340
Magnétisme	551—575
Belles-Lettres	703—722
Histoire	980—1004

4e VACATION. — Mardi 16.

Théologie	61—70
Jurisprudence	147—167
Philosophie	341—360
Sciences naturelles	472—490
Magie	596—620
Histoire	1005—1030
Langues étrangères	896—905

5e VACATION. — Mercredi 17.

Articles omis	1223—1225
Jurisprudence	168—190
Philosophie	361—380
Sciences naturelles	491—505
Belles-Lettres	723—742
Histoire	1031—1060

6e VACATION. — Jeudi 18.

Jurisprudence	191—210
Philosophie	381—400
Sciences naturelles	506—517
Belles-Lettres	743—762
Histoire	1061—1090
Langues étrangères	906—925

7e VACATION. — Vendredi 19.

Jurisprudence	211—232
Philosophie	401—420
Magnétisme	576—595
Belles-Lettres	763—782
Histoire	1091—1120
Langues étrangères	926—935

8e VACATION. — Samedi 20.

Jurisprudence	233—254
Philosophie	421—443
Magie	621—640
Belles-Lettres	783—802
Histoire	1121—1150
Langues étrangères	936—950

9e VACATION. — Lundi 22.

Jurisprudence	255—286
Magie	641—662
Belles-Lettres	803—825
Histoire	1151—1180
Langues étrangères	951—965
Classiques	826—835

10e VACATION. — Mardi 23.

Mélanges	1190—1222
Classiques	836—881
Langues étrangères	966—979

CATALOGUE

DES LIVRES

DE LA

BIBLIOTHÈQUE DE L. DE BOISSIEUX.

THÉOLOGIE.

ASCÉTIQUES, ET RITES.

1 Biblia sacra. Vulgatæ editionis Sexti V et Clementis VIII pont. max. auctoritate recognita, editio nova, notis chronologicis et historicis illustratæ. *Paris*, 1666, *Ant. Vitré*, 1 vol. in-4, rel. veau, fil. d'or. — Bel exempl.

2 Biblia sacra. *Colonia Agrippina*, 1666, 8 vol. in-12, rel. veau, tr. et fil.

3 La Sainte Bible (traduction de l'Université de Louvain), suivant l'édition publiée par les ordres du pape Sixte V. *Rouen*, 1608, *David du Petit-Val*, 1 vol. in-fol., dem.-rel., bas.

4 Le Maistre de Sacy. La Sainte-Bible contenant l'Ancien et le Nouveau-Testament, trad. sur la Vulgate. *Paris*, 1822, 1 vol. in-8, rel. bas.

5 Le Maistre de Sacy. La Sainte Bible. *Paris*, 1853, *Furne*, 4 vol. gr. in-8, avec grav. sur acier, demi-rel. mar., chagrin noir. — Bel ex.

6 Le Nouveau Testament de Notre-Seigneur Jésus-Christ, trad. en français avec le grec et le latin de la Vulgate à côté. *Mons*, 1673, 1 vol. in-8, rel. bas. ant., fil.

7 Lamenais. Les Évangiles, traduction nouvelle, 2e édition illustrée de 10 gravures sur acier. *Paris*, 1856, *Perrotin*, br.

8 Lamy. Apparat de la Bible, ou Introduction à la lecture de l'Écriture-Sainte, trad. du latin. *Paris*, 1697, 1 vol. in-8, rel. veau. — Bel exempl.

9 L'Apocalypse expliquée par l'histoire ecclésiastique. *Paris*, 1701, 1 vol. in-4, rel. bas., fil.

10 Orsini. La Vierge, histoire de la Mère de Dieu, complétée par les traditions d'orient. *Paris*, 1837, 1 vol. in-12, br.

11 Le P. Lebrun. Explication des prières et des cérémonies de la messe. *Besançon*, *Paris*, 1 vol. in-8, sans date, dem.-rel.

12 Edition polyglotte de l'Imitation de Notre-Seigneur Jésus-Christ, par Jean Gerson. *Lyon*, 1841, 1 vol. in-4. dem.-rel. mar.

13 Vie et les Œuvres spirituelles de sainte Thérèse, fondatrice des Carmes Deschaussés. *Lyon*, *Rigaud*, 2 vol. in-8, rel. veau.

14 Abbadie. Traité de la vérité de la religion chrétienne. *Rotterdam*, 1701. 3 vol. in-12, rel. bas.

15 Sanctus Augustinus. De civitate Dei. 1850, 2 vol. in-12, dem.-rel.

16 Moreau. La Cité de Dieu de saint Augustin. *Paris*, 1843, *Charpentier*, 2 vol. in-12, br.

17 Sanctus Augustinus. Meditationes, Soliloquia et Manuale. *Lugd.*, 1777, *Perisse*, 1 vol. in-24, bas.

18 Saint Augustin. Les Colloques et Méditations. *Paris*, 1662, *C. Journel*, 1 vol. in-18, rel., tr. dor. — Bel ex.

19 S. Augustinus. Confessionum libri V. *Colonia*, 1646, 1 vol in-18, mar. violet, fil. et tr. d'or.

20 Saint Augustin. Les Confessions traduites en français avec le latin à côté, enrichies de remarques historiques, critiques et chronologiques. *Paris*, 1741, 2 vol. in-8, rel. bas.

21 Sanctus Augustinus. Flammula amoris. *Antuerpiæ*, 1708, 1 vo. in-18, bas.

22 Gourgy. L'Apologétique et la prescription de Tertullien, nouvelle, édition augmentée, suivie de l'Octavius de Minutius avec le texte en regard. *Paris*, 1823, 1 vol. in-8, cart.

23 Albertus Magnus. Theologia. 1 vol. in-4, rel. veau.

24 C. G. de la Luzerne. Explication des Evangiles du dimanche et de quelques principales fêtes de l'année. *Lyon*, *Paris*, 1843, 2 vol. in-8, rel.

25 Antoine Arnauld. De la fréquente communion, ou les Sentiments des Pères, des papes et des conciles, touchant l'usage des sacrements. *Lyon*, 1703, 1 vol. in-8, rel. bas.

26 L'Esprit de Gerson. 1672, 1 vol. in-12, rel. bas.

27 Saint François de Sales. Traité de l'amour de Dieu. *Paris*, 1666, 1 vol. in-12, rel.

28 Bonnet. Elévation à Dieu sur tous les mystères de la religion chrétienne. *Paris*, 1753, 2 vol in-12, rel. bas.

29 Bréhéré. Entretiens solitaires, ou Prières et méditations pieuses en vers français. *Paris*, 1659, 1 vol. in-12; rel. bas.

30 P. Cupi. Le Ciel ouvert à tous les hommes. Manuscrit, 1 vol. in-4, bas.

31 Le sieur Duvair, premier président au parlement de Provence. La Sainte philosophie, avec plusieurs autres Traités de piété et saintes méditations. *Paris*, 1612, *Langelier*, 1 vol. in-12, rel. mar. rouge, tr. dor. — Bel exempl.

32 J. Pichon. L'Esprit de Jésus-Christ et de l'Eglise sur la fréquente communion. *Liege*, 1747, 1 vol. in-12, rel. bas.

33. Maury. Essai sur l'Eloquence de la chaire. *Paris*, 1845, 1 vol. in-12, br.

34 Freyssinous. Défense du christianisme. *Paris*, 1853, 2 vol. in-8, br.

35 Vie de M. de Pâris, diacre du diocèse de Paris. *En France*, 1731, 1 vol. in-12, avec le portrait de l'auteur, rel. bas.

36 Eclaircissements sur les miracles opérés par l'intercession du diacre. *Paris*, 1733, 1 vol. in-12, 2 parties reliées en une rel. bas.

37 Carré de Montgeron. La Vérité des miracles opérés par l'intercession du diacre Pâris et autres appelants, démontrée contre Mgr l'archevêque de Sens. *Cologne*, 1745, 2 vol. in-4, avec grav., rel. bas.

38 Traité des miracles, dans lequel on examine leur nature et les moyens de les discerner. *Paris*, 1764, 2 vol. in-12, bas.

39 M. des Vaux. Dissertation sur les miracles que l'on attribue aux reliques de l'abbé Pâris. *Leyde*, 1732. — Critique générale du livre de M. de Montgeron sur les miracles de l'abbé Pâris. *Amst.*, 1740, 2 vol. in-12, *Leyde*, *Amsterdam*, 1732, 1740, rel. bas.

40 Traité théologique sur l'autorité et l'infaillibilité des papes, par le R. P. Dom Mathieu. *Luxembourg*, 1724, 1 vol. in-18, cart.

41 L'honneur de l'Eglise catholique et des souverains pontifes défendu. (Sans nom d'auteur). *Nancy*, 1742. 2 vol. in-12, rel. bas.

42 P. D. Huet. La situation du paradis terrestre. *Amst* 1701, *Halma*, 1 vol. in-12, rel. veau, fil. et tr. dor.

43 Séguier de Saint-Brisson. La préparation évangélique, traduite du grec d'Eusèbe Pamphile, avec des notes critiques, historiques et philologiques. *Paris*, 1846, 2 vol. in-8, br.

44 Traité d'Origène contre Celse, ou Défense de la religion chrétienne contre les accusations des payens, traduit du grec, par Elie Bouhéreau. *Amsterdam*, 1700, 1 vol. in-4, rel. bas.

45 Instruction pastorale de Mgr l'archevêque de Lyon sur les sources de l'incrédulité et les fondements de la religion. *Paris*, 1776, 1 vol. in-12, dem.-rel.

46 Ant. Arnaud. Apologie pour les catholiques contre les faussetés et les calomnies d'un livre intitulé : La politique du Clergé de France. *Liége*, 1681, 1 vol. in-12, rel. bas.

47 Péricaud. L'Octavius de Minucius Félix, avec le texte en regard. *Lyon*, 1823, br.

48 Catechismus concilii Tridentini, Pii V pont. max. jussu promulgatus. *Colonia*, 1687, 1 vol. in-18, bas.

49 Joachim Colbert. Catéchisme du diocèse de Montpellier. *Paris*, 1720, 5 vol, in-12, rel. bas.

50 Manuel des cérémonies romaines, tiré des livres romains les plus authentiques et des écrivains les plus intelligents en cette matière. *Lyon*, 1641, 1 vol. in-12, rel. bas.

51 Tertullien. Traité sur l'ornement des femmes, les spectacles, le baptême, etc., avec une lettre aux martyrs. *Paris*, 1733, 1 vol. in-12, relié, bas.

52 L'empereur Julien. Défense du paganisme, en grec et en français. *Berlin*, 1764, 1 vol. in-12, dem.-rel., veau f.

53 Sleidamies. De quatuor monarchiis Libri tres. *Lugd. Batavorum*, 1669, 1 vol. in-18, parchemin.

54 Herm.-Hugon. Pia Desideria. 1624, 1 vol. in-18, grav., rel. veau, tr. et fil. or.

55 Fenelon. Directions pour la conscience d'un roi, composées pour

l'instruction de Louis de France, duc de Bourgogne. *La Haye*, 1747, 1 vol. in-12, rel. bas.

56 Bergier. Le Déisme réfuté par lui-même. *Paris*, 1770, 1 vol. in-12, rel. bas.

57 L'abbé Guénée. Lettres de quelques Juifs portugais, allemands et polonais à M. de Voltaire. *Paris*, 1828, 3 vol. in-12, dem.-rel.

58 Exercitia spiritualia S. P. Ignatii Loyolæ. *Antverpiæ, Meursimæ*, 1635, 1 vol. in-12, parchemin.

59 Jacques Jacques. Le faut mourir. 1680, un vol. in-18, rel. bas., fil. et tr. dor.

60 Pierre Lemoine. La Dévotion aisée. *Paris*, 1651, 1 vol. in-12, rel. bas.

61 Kasimirski. Le Koran, traduction nouvelle faite sur le texte arabe. *Paris*, 1840, Charpentier, dem.-rel., in-12, bas.

62 L'Alcoran de Mahomet, translaté d'arabe en français. *Paris*, 1649, 1 vol. in-18, rel. parchemin.

63 Jacques d'Autin, capucin. L'Incrédulité savante et la Crédulité ignorante. *Lyon*, 1671, 1 vol. in-4, rel. bas. ant.

64 De l'Esprit prophétique, traité dans lequel on examine la nature de cet écrit. *Paris*, 1767, 1 vol. in-12, bas.

65 Manuale exorcistarum ac parochorum. *Lugd.*, 1658, 1 vol. in-4, bas.

66 Justification de la Constitution où l'on réfute tout ce que le Père Quesnel et ses partisans ont écrit. *Lyon*, 1715, bas.

67 Jacques-Benigne Bossuet. Politique tirée des propres paroles de l'Écriture-Sainte. *Paris*, 1714, 2 vol. in-12, bas.

68 La Vérité rendue sensible à tout le monde contre les défenseurs de la Constitution. *Bruxelles*, 1720, 1 vol. in-12, bas.

69 Barrault et Arthur Martin. Le Bâton pastoral, étude archéologique. *Paris*, 1856, 1 vol. in-fol., avec planches, cartonné.

70 Mlle Olivier. Explications littéraires de l'ouvrage des Six jours, mêlées de réflexions morales. *Paris*, 1731, 1 vol. in-12, rel. bas.

70 bis. Dom Martin. Explication de plusieurs textes difficiles de l'Écriture. *Paris*, 1730, 1 vol. in-4, rel. veau, gauffré. — Bel ex.

JURISPRUDENCE.

71 Bacqua. Législation française. *Paris*, 1841, 1 vol., dos veau fauve, dem.-rel.

72 Napoléon Bacqua. Codes de la législation française. *Paris*, 1841, 1 vol. in-8, 2e édition, dem.-rel.

73 Jurisprudence de la cour royale de Lyon et dictionnaire par Saint-Testonoir de 1823 à 1853. 18 vol. in-8, dont 17 demi-rel. et 1 en feuilles.

74 Bulletin des lois. Arrêtés, décrets, ordonnances rendus depuis 1789 jusques et compris 1830, in-8, avec tables. Dans l'année 1830, le vol. 12 est incomplet. Manquent les nos 338 à 363.

74 bis. Recueil des lois, décrets et arrêtés de 1830 à 1857, publié par les rédacteurs du Journal des notaires. — Manque 4 nos à 1857.

75 Malleville. Analyse raisonnée de la discussion du Code civil au Conseil d'État, contenant le texte des lois. *Paris*, 1807, 4 vol. in-8, dem.-rel. bas.

76 Projet du Code civil avec les amendements, additions et observations proposées par la Commission du tribunal de cassation, nommée en exécution de l'arrêté du consul, du 7 germinal an XI. *Paris*, messidor an IX, 1 vol. in-8, dem.-rel. bas.

77 Étienne-Marie Portalis. Discours, Rapport et travaux inédits sur le Code civil. *Paris*, 1844, 1 vol. in-8, broch.

78 Conférence du Code civil avec la discussion particulière du Conseil d'État et du Tribunal par un jurisconsulte qui concourut à la confection du Code. *Paris*, 1805, 8 vol. in-12, dem.-rel., bas.

79 Code civil, projet présenté par la Commission nommée par le Gouvernement le 24 thermidor an VIII. *Paris*, ventose, an IX, 1 vol. in-8.

80 Delvincourt. Cours de Code civil. *Paris*, 1819, 3 vol. in-4, dem.-rel.

81 Toullier. Le Droit civil français. *Paris*, 1830-1834, 15 vol. in-8, dem.-rel., bas.

82 Code civil, contenant la série des lois qui le composent avec leurs

motifs, suivie d'une table raisonnée des matières par l'auteur du Dictionnaire forestier. *Paris*, 1803, 3 vol. in-8, dem.-rel.

83 Chabot de l'Allier. Questions transitoires sur le Code Napoléon. *Paris*, 1809, 2 tom. rel. en 1 vol. in-8, dem.-rel.

84 Danty. Traité de la preuve par témoins en matière civile. *Paris*, 1738, 1 vol. in-4, rel. bas.

85 Dernusson. Traité de la subrogation. *Paris*, 1743, 1 vol. in-4, rel. bas.

86 Le baron Grenier. Traité des hypothèques. *Clermont-Ferrand*, 1822, 2 vol. in-4, rel. bas.

87 Favard-de-Langlade. Manuel pour l'ouverture et le partage des successions. *Paris*, 1811, dem.-rel., bas.

88 Pierre Odier. Traité du Contrat de mariage ou du régime des biens entre époux. *Paris*, 1847, 3 vol. in-8, dem.-rel.

89 Sériziat. Traité du régime dotal. *Lyon*, 1844, 1 vol. in-8, dem.-rel., bas.

90 Proudhon. Traité de l'état des personnes, 3e édit., augmentée par Valette. *Paris*, 1842, 2 vol. in-8, br.

91 J.-E.-D. Bernard. Commentaire sur la loi du 13 floréal an XI, relative aux donations et aux testaments. *Paris*, an XIII, 1 vol. in-8, dem.-rel., d. bas.

92 J.-M. Pardessus. Traité des servitudes ou services fonciers, cinquième édition. *Paris*, 1820, 1 vol. in-8, dem.-rel., bas.

93 J.-M. Pardessus. Traité des servitudes ou services fonciers, 8e édition. *Paris*, 1838, 2 vol. in-8, dem.-rel., bas.

94 Chabot de l'Allier. Commentaire sur la loi des successions formant le titre premier du livre troisième du Code civil. *Paris*, 1818, 3 vol. in-8, dem.-rel., bas.

95 Troplong. De l'échange et du louage. *Paris*, 1840, 3 vol. in-8, dem.-rel., bas.

96 Troplong. Du Contrat de société civile et commerciale. *Paris*, 1843, 2 vol. in-8, dem.-rel., bas.

97 Troplong. Du Privilége et des hypothèques. *Paris*, 1838, 3e édit., 4 vol. in-8, dem.-rel., bas.

98 Troplong. De la Vente, 3e édit., conforme à la 1re et à la 2e. *Paris*, 1837, 2 vol. in-8, dem.-rel., bas.

99 Troplong. Du Contrat de mariage et du droit respectif des époux. *Paris*, 1850, Hingray, 4 vol. in-8, dem.-rel., bas.

100 Troplong. Du Prêt, Commentaire du titre X, livre III du Code civil. *Paris*, 1845, 1 vol. in-8, dem.-rel., bas.

101 Troplong. Du Dépôt et du séquestre et des contrats aléatoires, commentaires des titres XI et XII, livre III du Code civil. *Paris*. 1845, 1 vol. in-8, dem.-rel., dos bas.

102 Troplong. Le Droit civil expliqué suivant l'ordre des articles du Code depuis et y compris le titre de vente. Du Mandat, commentaire du titre XIII, du livre III du Code civil. *Paris*, 1846, 1 vol. in-8, dem.-rel., bas.

103 Troplong. Du Cautionnement et des transactions, commentaires des titres XIV et XV, livre III du Code civil. *Paris*, 1846, 1 vol. in-8, dem.-rel., bas.

104 Troplong. De la Contrainte par corps en matière civile et de commerce, commentaire du titre XVI, livre III du Code civil. *Paris*, 1847, 1 vol. in-8, dem.-rel., bas.

105 Troplong. Du Nantissement du gage et sur l'antichrèse, commentaire du titre XVII, livre III du Code civil. *Paris*, 1847, 1 vol. in-8, dem.-rel., bas.

106 Troplong. Du Pouvoir de l'État sur l'enseignement, depuis l'ancien droit public français. *Paris*, 1846, 1 vol. in-8, br.

107 Troplong. De la Prescription, 3e édition, entièrement conforme aux précédentes. *Paris*, 1838, 2 vol. in-8, dem.-rel., bas.

108 Troplong. De l'influence du Christianisme sur le droit civil des Romains. *Paris*, 1843, 1 vol. in-8, dem.-rel., bas.

109 Berriat-Saint-Prix. Cours de procédure civile fait à la Faculté de droit de Paris, 5e édit., revue et augmentée. *Paris*, 1825, 3 vol., dem.-rel., bas.

110 Pigeau. Procédure civile des tribunaux de France, démontrée par principe et mise en action par des formules, 3e édition. *Paris*, 1819, 2 vol. in-4, dem.-rel.

111 A. Chauveau. Commentaire du tarif en matière civile. *Paris*, 1832, 2 vol. in-8, dem.-rel., bas.

112 Henrion de Pansey. De la Compétence des juges de paix, 3e édition. *Paris*, 1820, Firmin Didot, 1 vol. in-8, dem.-rel.

113 A. Chauveau. Les Lois de la procédure civile, par G.-L.-J. Carre, 3e édit. *Paris*, 1843, 7 vol. in-8, dem.-rel., bas.

114 Curasson. Traité de la compétence des juges de paix. *Paris*, 1839-1841, 3 vol. in-8, dem.-rel., bas.

115 Code de procédure civile. Exposé des motifs par les orateurs du gouvernement. *Paris*, avril 1806, Imprimerie du corps législatif, 1 vol. in-8.

116 F. F. Poncelet. Précis de l'Histoire du droit civil en France. *Paris*, 1838, 1 vol. in-8, dem.-rel., d. bas.

117 Delangle. Droit commercial, des Sociétés commerciales. *Paris*, 1843, 2 vol. in-8, demi-rel., bas.

118 Le Code noir ou recueil des règlements concernant le gouvernement, la police, la discipline, le commerce des nègres, etc. *Paris*, 1788, 1 vol. in-18, rel. bas.

119 Valin. Commentaire de l'ordonnance de la marine du mois d'août 1841, avec des notes par Bécane, 2e édition. *Paris*, 1841, br.

120 Balthazard, Marie Émerigon. Traité des assurances et contrats à la grosse. *Marseille*, 1783, 2 vol. in-4, rel. bas.

121 J.-G. Locré. Esprit du Code de commerce. *Paris*, édité de 1811 à 1813, 10 vol. in-8, dem.-rel.

122 Delvincourt. Institution de Droit commercial français avec notes. *Paris*, 1823, 2 vol. in-8, dem.-rel.

123 Gauthier. Étude de Jurisprudence commerciale. *Paris*, 1829, 1 vol. in-8, br.

124 A.-Ch. Renouard. Traité des faillites et banqueroutes. *Paris*, 1844, 2 vol. in-8, dem.-rel.

125 Pardessus. Cours de droit commercial, 2e édit. *Paris*, 1821, 5 vol. in-8, dem.-rel., bas.

126 Renouard. Du brevet d'invention, édit. entièrement nouvelle. *Paris*, 1844, *Guillaumin*, dem.-rel. bas.

127 Savary. Le Parfait négociant, ou de l'Art des lettres de change, par Dupuis de la Serra. *Avignon*, 1763, 2 vol. in-4, rel. bas.

128 Observations sur le Code de Cormenin. Tribunal et conseil du commerce de Lyon. 1 vol. in-4, dem.-rel. bas.

129 Code pénal text., édit. officielle du Corps législatif. *Paris*, 1810, 1 vol. in-8, dem.-rel.

130 De Beccaria. Traduit de l'italien, par l'abbé Merlet; Traité des délits et des peines. *Philadelphie*, 1766, 1 vol. in-12, rel. bas.

131 De Pastoret. Des lois pénales. *Paris*, 1790, 2 vol. in-8, rel. en un, bas.

132 A. Chauveau et Faustin Hélie. Théorie du Code pénal, 2e édit. *Paris*, 1843, 6 vol. in-8, dem.-rel. mar. rouge. — Bel exempl.

133 Chassan. Des délits et contraventions de la parole de l'écriture et de la presse, 2e édit. revue et augmentée. *Paris*, 1846, in-8, br.

134 Faustin Hélie. Traité de l'instruction criminelle, ou Théorie du Code d'instruction criminelle. *Paris*, 1845, 1851, 4 vol. in-8, br.

135 Richer. Traité de la mort civile. *Paris*, 1755, 1 vol. in-4, rel. bas.

136 Code d'instruction criminelle; exposé des motifs. Sans nom d'imprimeur ni millésime, 1 vol. in-8, dem.-rel.

137 Berriat-Saint-Prix. Cours de droit criminel fait à la Faculté de droit de Paris, 3e édit. *Paris*, 1825, dem.-rel. bas.

138 Mangin. De l'instruction écrite et du réglement de la compétence en matière criminelle, revue et annotée par M. Faustin Hélie. *Paris*, 1847, 2 vol. in-8, br.

139 Muyart de Vouglans. Lois criminelles de France. *Paris*, 1780, 1 vol. in-fol., rel. bas.

140 Tajan, Caze. Code forestier. *Toulouse*, 1827, 1 vol. in-8, demi-rel. bas.

141 D. Girard. Manuel des contributions indirectes et des octrois, formé des dispositions sur la perception et le contentieux en vigueur au 1er janvier 1826. *Paris*, 1826, 1 vol. in-8, dem.-rel. bas.

142 Peyret-Lallier. Traité sous la forme de Commentaire sur la législation des mines, minières, carrières, tourbières, usines, sociétés d'exploitation et chemins de transport. *Paris* 1842, 2 vol. in-8, dem.-rel. bas.

143 Desgodets. Les lois des bâtiments suivant la coutume de Paris, *Paris*, 1777; 1 vol. in-8. dem.-rel. bas.

144 P. Lepage. Lois des bâtiments, ou le Nouveau Desgodets. *Paris*, 1843, 2 vol. in-8, dem.-rel. bas.

145 De Lalleau Traité de l'expropriation pour cause d'utilité publique. 4e édit., entièrement revue d'après la loi du 3 mai 1841. *Paris*. 1845. *V. Dalmont*, 2 vol. in-8, br.

146 Championnière. De la propriété des eaux courantes, du droit des riverains. *Paris*, 1846, *Hingray*, 1 vol. in-8, b.

147 Fournel. Traité du voisinage considéré dans l'ordre judiciaire administratif, et dans ses rapports avec le Code civil 4e édit. *Paris*, 1827, 2 vol. in-8, dem.-rel., bas.

148 H.-J.-B. Davenne. Recueil méthodique et raisonné des lois et réglements sur la voirie, les alignements et la police des constructions. *Paris*, 1836, 1 vol. in-8, dem.-rel., bas.

149 A. Daviel. Traité de la législation pratique des cours d'eau. 2e édit. *Paris*, 1837, 2 vol. in-8, dem.-rel. bas.

149 *bis*. Raynouard. Histoire du droit municipal en France. 1829, 2 vol. in-8, br.

150 L'abbé Fleury. Discours sur les libertés de l'Eglise gallicane, avec un commentaire de l'abbé Chinias de la Bastie. 1765, 1 vol. in-12, rel. bas.

151 L'abbé Fleury. Institution au droit ecclésiastique, nouv. édit., par Boucher-d'Argis. *Paris*, 1767, 2 vol. in-12, rel. bas.

152 Juris canonici Theoria et Praxis, autor Joanni Cabassutio. *Lugdunum*, 1698, 1 vol. in-4, rel. bas.

153 Paulus sancelotus. Institutiones juris canonici. *Parisiis*, 1670, 1 vol. in-8, bas.

154 L. de Héricourt. Les lois ecclésiastiques de France. *Paris*, 1721, 1 vol. in-fol., rel. bas.

155 Organisation des cultes; Discours du comte Portalis, orateur du gouvernement au Corps législatif; Projet de la convention entre le gouvernement français et le pape; Articles organiques de la convention; Articles organiques des cultes protestants. 1 vol. in-8, dem.-rel.

156 Talon. Traité de l'autorité des rois touchant l'administration de l'Eglise. *Amsterdam*, 1700, 1 vol. in-12, avec fig., rel. bas.

157 Em. Richerius. Libellus de ecclesiastica et politica potestate. *Paris*, 1660, 1 vol. in-18, parch.

158 Rivoire. Traité de l'appel et de l'instruction sur l'appel. *Paris*, 1844, 1 vol. in-8, br.

159 Dunod de Charnage. Traité de la perception, de l'aliénation des biens de l'Église et des dîmes. *Paris*, 1753, 1 vol. in-4, rel. bas.

160 Dupin. Manuel du droit public ecclésiastique français, contenant la liberté de l'Eglise gallicane. *Paris*, 1844, 1 vol. in-12, br.

161 De Pradt. Les 4 Concordats, suivis de considérations sur le gouvernement de l'Église en général, et sur l'Église de France, en particulier, depuis 1515. *Paris*, 1818, 3 vol. in-8, rel. bas.

162 Appelans célèbres, ou Abrégé de la vie des personnes les plus recommandables, entre ceux qui ont pris part à l'appel interjeté contre la bulle *Unigenitus*. 1753, relié.

163 Alexandre Laya. Droits anglais, ou Résumé de la législation anglaise sous la forme des Codes. *Paris*, 1845, 2 vol. in-8, rel. bas.

164 Joseph Rey. Des Institutions judiciaires de l'Angleterre, comparées avec celles de la France. *Paris*, 1826, 2 vol. in-8, br.

165 De Lolme. Constitution de l'Angleterre, ou état du gouvernement comparé avec la forme républicaine et avec les autres monarchies de l'Europe. *Paris*, 1819, 1 vol. in-8, demi-rel.

166 Foucher. Code de Commerce et Loi de procédure sur les affaires et causes de commerce du royaume d'Espagne. *Paris*, 1838, 1 vol. in-8, dem.-rel. bas.

167 Code de commerce du royaume de Hollande, traduit par Monsieur Willem Wingtgens, avocat à la Cour de la Haye. *Paris*, 1839, 1 vol., dem. rel. bas.

168 Codex Fabrianus. *Genève*, 1659, 1 vol. in-4°, rel.

169 Guidonis et utriusque consultissimi decisiones. *Genève*, 1653, 1 vol. in-4°, bas.

170 Radier. Questions sur l'ordonnance de Louis XIV, de 1667. *Toulouse*, 1769, 1 vol. in-4, rel. bas.

171 Sallé. Esprit des ordonnances de Louis XV. *Paris*, 1759, 1 vol. in-4, rel. bas.

172 Dupaty. Mémoire justificatif pour trois hommes condamnés à la roue. Sans indication d'imprimeur ni de millésime, 1 vol. in-8, dem.-rel.

173 Henrion de Pansey. De l'autorité judiciaire dans les gouvernements monarchiques, *Paris*, 1810, 1 vol. in-8, dem.-rel.

174 Principes de la Législation universelle. *Amsterdam*, 1786, 2 vol. in-8, rel. bas. ant.

175 L. G. A. de Bonald. Législation primitive considérée dans les derniers temps, par les seules lumières de la raison. *Paris*, 1802, 3 vol. in-8, dem.-rel., bas.

176 Ant. Goguet. De l'origine des Lois, des Arts et des Sciences, et de leurs progrès, chez les Anciens. *La Haye*, 1758, 6 vol. in-12, rel. en 3 vol., bas.

177 De Pastoret. Moïse considéré comme législateur et comme moraliste. *Paris*, 1788, 1 vol. in-8, cart.

178 Zoroastre, Confucius et Mahomet, comparés comme sectaires, législateurs et moralistes, par M. de Pastoret. *Paris*, 1788, 1 vol. in-8, rel.

179 Mollot. Règles sur la profession d'avocat. *Paris*, 1842, 1 vol. in-8, dem.-rel., bas.

180 Camus et Dupin aîné. Profession d'avocat, bibliothèque choisie du livre de droit, qu'il est le plus utile d'acquérir et de connaître. 5e édit. augmentée d'un grand nombre d'articles et de notices biographiques. *Paris*, 1832, 2 vol. in-8, dem.-rel. bas.

181 Augan. Cours de Notariat. *Paris*, 1825, 1 vol. in-8, dem.-rel., bas.

182 Œuvres du chancelier d'Aguesseau. *Paris*, 1759, 13 vol. in-4, rel. bas.

183 Cochin, Œuvres complètes. Nouvelle édit. revue par M. Cochin, avocat au Conseil d'Etat. *Paris*, 1821-1822, 8 vol. in-8, dem.-rel. bas.

184 Dupin aîné. Choix de Plaidoyers et Mémoires. *Paris*, 1823, 1 vol. in-8, dem.-rel., bas.

185 Claude Expilly. Plaidoyers, ensemble plusieurs arrêts et règlements notables du parlement de Grenoble, cinquième édition. *Lyon*, 1636, 1 vol. in-4, rel. bas.

186 Œuvres judiciaires du Président Henrion de Pansey, annotées par une Société de jurisconsultes et de magistrats. *Paris*, 1843, 1 vol. gr. in-8, br.

187 Œuvres de Claude Henri, avec les observations de Bretonnier, Terrasson, etc. *Paris*, 1738, 4 vol. in-4, rel. bas.

188 Jean Issale. Les plaidoyers et harangues de le Maistre. *Paris*, 1659, 1 vol. in-4, rel. bas.

189 Loyseau de Mauléon. Plaidoyers et Mémoires. *Londres*, 1780, 3 vol. in-8, rel. bas.

190 Histoire du Parlement de Paris, sixième édition, sans nom d'auteur. 1771, 1 vol. in-8, rel. bas.

191 Œuvres de Guy Coquille, sieur de Roncenay. *Bordeaux*, 1703, 2 vol. in-fol., rel. bas.

192 Œuvres de Scipion Duperrier. *Toulouse*, 1721, 2 vol. in-4, rel. bas.

193 Œuvres d'Antoine d'Espeisses, revues et augmentées par Guy du Rousseau de la Combe. *Lyon*, 1750, 3 vol. in-fol., rel. bas. — Bonne édition.

194 Patru. Œuvres diverses. *Paris*, 1732, 2 vol. in-4, rel. bas.

195 Servan. Choix des Œuvres inédites, par X. de Portets, avocat,

professeur de droit au collége de France. *Paris*, 1825, 5 vol. in-8, dem.-rel. bas.

196 Procès du Collier. Requête présentée au Parlement par M. le cardinal de Rohan. Sommaire pour la comtesse de Valois-Lamotte. Mémoire pour M. le comte de Cagliostro. 3 vol. in-8, dem.-rel., bas.

197 Marly. Le droit public de l'Europe. *Genève*, 1766. 3 vol. in-12, br.

197 *bis*. Acte d'accusation de Georges Pichegru et autres prévenus de conspiration contre la personne du Premier Consul et contre la sureté intérieure et extérieure de la République. *Paris*, 1804, 2 vol. in-8, rel. bas.

198 Blondeau. Chrestomathie, ou choix de textes pour un cours élémentaire de droit privé, édition suivie d'un appendice, par Ch. Giraud. 1843, in-8.

199 Foelix. Traité du droit international privé, ou du conflit des Lois de différentes nations, en matière de droit privé. *Paris*, 1843, 1 vol. in-8, br.

200 H. Torombert. Principes du droit politique mis en opposition avec le Contrat Social de J.-J. Rousseau. *Paris*, 1825, 1 vol. in-8, dem.-rel.

201 Burlamaqui. Principes du droit de la nature et des gens. *Paris*, 1820, 5 vol. in-8, rel. bas. — Rare.

202 Félice. Leçons de droit de la nature et des gens. *Lyon*, Bruyzet, 1769, 2 vol. in-12, en 4 parties, mar. rouge, tr. dor.

203 Le baron de Puffendorf. Le droit de la nature et des gens, traduit du latin par Jean Barbeyrac. *Amsterdam*, 1706, 1 vol. in-4, rel. bas.

204 Docteur Frossard. La cause des esclaves nègres et des habitants de la Guinée, portée au tribunal de la justice, de la religion, de la politique. *Lyon*, 1789, 2 vol. in-8, rel. bas.

205 Vatel. Le droit des gens, ou principes de la loi naturelle. *Neuchâtel*, 1777; 3 vol. in-12, rel. bas.

206 Hugo Grotius, traduit par Jean Barbeyrac. Le droit de la guerre et de la paix. *Basle*, 1768, 2 vol. in-4, rel. bas.

207 Hugans Grotius. De jure belli ac pacis libri tres. 1680, 1 vol. in-8, bas.

208 Hug. Grotius. Mare liberum. *Elzev.* 1633, 1 vol. in-24, rel. mar., filet et tr. dor. Elzev.

209 Chauveau. Principes de compétence et de juridiction administratives. *Paris*, 1844, 3 vol. in-8, dem.-rel. bas.

210 Macarel. Des tribunaux administratifs, ou introduction à l'étude de la jurisprudence administrative. *Paris*, 1828, 1 vol. in-8, dem.-rel. bas.

211 E. N. Foucart. Eléments de droit public et administratif. 3e édit. *Paris*, 1843, 3 vol. in-8, dem.-rel. bas.

212 Proudhon. Traité du domaine public, ou de la distinction des biens. *Dijon*, 1834, 5 vol. in-8, orné du portrait de l'auteur, dem.-rel. bas.

213 Dufour. Droit administratif appliqué. 1843 et 1845, 4 vol. in-8, br.

214 Cormenin. Droit administratif. 5e édit. revue et augmentée. *Paris*, 1840, 2 vol. gr. in-8, dem.-rel. bas.

215 Dunod. Traité de la main-morte et des retraites. *Dijon*, 1733 1 vol. in-4, rel. bas.

216 Lange. Nouvelle pratique, civile, criminelle et bénéficiale, avec un traité du droit d'indult, joint à un nouveau système des lettres de la chancellerie, par Pimont. *Paris*, 1729, 2 v. in-4, rel. bas.

217 Arrêts d'Augeard. *Paris*, 1756, 2 vol. in-fol., rel. bas.

218 Denisart. Collection de jurisprudence, mise dans un nouvel ordre, corrigée et augmentée par Camus et Bayard. *Paris*, 1783, 1786 à 90, 13 vol. in-4. — L'entreprise de MM. Camus et Bayard, est restée inachevée ; elle va jusques y compris le mot hypothèque.

219 Denisart. Supplément à la collection, à la suite se trouve un mémoire réfutant ce qui est dit dans la collection de Denisart sur l'origine des fonctions de notaire. *Paris*, 1768, 1 vol. in-4 , rel. bas

220 De Lamoignon, recueil des arrêtés. *Paris*, 1777, 1 vol. in-4, rel. bas.

221 Guy du Rousseau de La Combe. Recueil de jurisprudence civile. *Paris*, 1746, 1 vol in-4, rel. bas.

222 Pothier. Traité de la procédure civile. *Paris*, 1776, 2 vol. in-12, rel. bas.

223 Bourjon. Le droit commun de la France et la coutume de Paris réduits en principes. Revu et augmenté de notes. *Paris*. 1765, 2 vol. in-fol.

224 Eusèbe de Laurière. Glossaire du droit français. *Paris* , 1704 , 1 vol. in-4, rel. bas.

225 Bornier. Conférence des ordonnances de Louis XIV, avec les anciennes ordonnances du royaume, le droit écrit et les arrêts. *Paris*, 1760, 2 vol. in-4, rel., bas.

226 Argou. Institution au droit français, 10e édit., augmentée par Boucher d'Argis, avocat au Parlement. 1771, 2 vol. in-12, rel.

227 Serres. Les institutions du droit français, suivant l'ordre de celles de Justinien. *Paris*, 1771, 1 vol. in-4, rel. bas.

228 Claude Pocquet. Règle du droit français. *Paris*, 1832, 2e édit., in-12, rel. bas.

229 Domat. Les lois civiles. *Paris*, 1777, 1 vol. in-fol., rel bas.

230 Procès-verbal des conférences tenues par ordre du roi pour l'examen des ordonnances civiles et criminelles de 1667 et 1670. *Paris*, 1724, 1 vol. in-4, rel. bas.

231 Rodant. Code matrimonial, ou recueil des édits, ordonnances et déclarations sur le mariage. *Paris*, 1766, 1 vol. in-12, rel.

232 Denisart. Actes de notoriété donnés au Châtelet de Paris, sur la jurisprudence et les usages qui s'y observent, avec des notes. *Paris*, 1759, 1 vol. in-4, rel. bas.

233 Bergier. Traité des donations entre vif et testamentaires, par Marie Ricard. *Riom*. 1773, 2 vol. in-fol., rel. bas.

234 Henry Basnage. Traité des hypothèques divisé en deux parties. *Rouen*, 1724, rel.

235 Ant. Gaspard Boucher d'Argis. Traité des gains nuptiaux et de survie. *Lyon*, 1738, 1 vol. in-4, rel. bas.

236 Boucher d'Argis. Traité de la crue des meubles au-dessus de leurs prises. 1746, 1 vol. in-12, rel.

237 Pierre Dupin. Traité des peines des secondes noces. *Paris*, 1743, 1 vol. in-4, rel. bas.

238 Grenier. Commentaire sur l'édit portant création du conservateur des hypothèques. *Riom*, 1787, rel.

239 J.-B. Furgole. Commentaire de l'ordonnance de Louis XV sur les substitutions, 1 v. in-4. *Paris*, 1767, rel.

240 J.-B. Furgole. Traité des donations. *Toulouse*, 1761, 2 v. in-4, rel. bas.

241 Traité des testaments. *Paris*, 1779. 3 vol. in-4, rel. bas.

242 Denis le Brun, (annoté par Bernard F. Espiard de Saux). Traité des successions, divisé en 4 livres. *Paris*, 1775, 1 vol. in-fol., rel. bas.

243 Denis Lebrun. Traité de la communauté entre mari et femme, avec un traité des communautés ou sociétés tacites. *Paris*, 1754, 1 vol. in-fol., rel. bas.

244 Traité des contrats de bienfaisance, selon la règle, tant du for de la conscience, par l'auteur du Traité des obligations. *Paris*, 1775, 2 vol. in-12, rel.

245 Louis d'Héricourt. Traité de la vente des immeubles par décret. *Paris*, 1739, 2 vol. rel. en 1 vol. in-4, bas.

246 Ordonnances royaux sur le fait de la justice et autherite d'icelle, faites par les rois François Ier du nom, Henry II, François II, Charles IX, Henry III. *Lyon*, 1608, 2 vol. in-18, rel, v.

247 Antonii Mornacii observationes in posteriores libros codicis ad usum fori Gallici. *Paris*, 1721, 2 vol. in-fol., rel, bas.

248 Antonii Mornacii observationes in quatuor priores libros codicis ad usum fori Gallici. *Paris*, 1654, rel bas.

249 Labé de Saint-Martin. Les établissements de saint Louis, roi de France. *Paris*, 1786, 1 vol. in-8, rel. v.

250 Karoli magni et Ludovici capitularia. *Parisiis*, 1640, 1 vol. in-12, parchemin.

251 J.-F.-A.Peyré. Lois des Francs, contenant la loi salique et la loi ripuaire, suivant le texte de Dutillet, précédé d'une préface par M. Isambert. *Paris*, 1828, 1 vol. in-8, bas.

252 Questions notables de droit décidées par plusieurs arrêts de la cour du Parlement, par Claude Le Prestre. *Paris*, 1679, 1 vol. in-fol. rel. bas.

253 De Launere. Institut coutumière de M. Loisel, avocat au Parlement. *Paris*, 1710, 2 vol. in-12, rel. bas.

254 Coutumes de Bourgogne, avec les observations du président Bouhier. *Dijon*, 1742, 2 vol. in-fol., rel. bas.

255 Coutumes du duché, bailliage et prévoté d'Orléans et ressorts d'iceux, texte accompagné de notes. *Orléans*, 1740, 3 vol. in-12, reliés en deux, rel. bas.

256 Œuvres de Maistre Charles Loiseau, avocat au Parlement, contenant les cinq livres de droit, des offices, et traités des seigneuries. 1666, 1 vol. in-fol. rel. bas.

257 François de Boutaric. Traité des droits seigneuriaux et des matières féodales. *Toulouse* 1776, 1 vol. in-4, rel. bas.

258 Ch. Revel. Usages des pays de Bresse, Bugey, et Gex. Leurs statuts, stil et édits. *Bourg-en-Bresse*, 1775, 2 vol. in-fol., rel. bas.

259 Perret. Observations sur les usages des provinces de Bresse, Bugey, Gex. *Dijon*, 1771, 2 vol. in-4, rel.

260 Dumoulin. Traité des fiefs analysés et conférés avec les autres feudistes, par Henrion de Pansey. *Paris*, *Valade*, 1773, 1 vol. in-4, rel. bas.

261 J. Seldenus. Libri duo de dominio maris seu mare clausum. *Ludunensi*, 1636, 1 vol. in-18, rel. veau.

262 Carolus Annibal Fabretus. Paratilla in libros IX codicis Justiniani, etc. *Parisiis*, 1651, 1 vol. in-12, bas.

263 Antiquitatum romanarum jurisprudentiam illustrantium syntagma secundum ordinem Justiniani. 1730, 2 vol. in-8, parch. Editio tertia.

264 Andrea Barriga de Monvalon. Epitomoe Juris et legum Romanorum... Juxta seriem digestorum. 1766, 1 vol. in-8, rel. bas.

265 A. Vinnius. In quatuor libros commentarius imperialium institutionum. *Amst. Elzev.*, 1765, 1 vol. in-4, bas. (Edit. quarta).

266 A. Vinnius. Libri quatuor partitionum juris civilis. *Lugd.* 1748, 1 vol. in-4, parch.

267 Jul. Pacius. Legum conciliatarum centuriæ. 1661, 1 vol. grand in-18, rel. bas.

268 Pacius et Crispinus. Imperatori Justiniani institutionum libri IV. *Amst.* 1642, 1 vol. 12, rel. bas.

269 Jacobus Mæstertius. De Justitia Romanorum Legum libri duo. *Lugd. Bat.*, *Ioannis Marci*, 1634, 1 vol. in-18, rel. mar. rouge, tranch. d'or.

270 Art. Duck. De usu et authoritate juris civilis Romanorum. *Elz. Lugd. Batav.*, 1654, 1 vol. in-18, rel. veau, tr. et fil. or.

271 C.-S. Delvincourt. Juris Romani Elementa secundum ordinem institutionum Justiniani. *Paris*, 1823, 1 vol. in-8, dem.-rel.

272 J.-L. Blasius. In titulum digestorum de regulis juris antiqui commentarius. *Parisiis*, 1672, 1 vol. petit in-12, rel. bas.

273 Ant. Perez I. J. C. S. C. et R. Majestatis consiliarii in academia Lauvaniensi legum antecessoris prælectiones in duodecim libros codicis Justiniani imp. quibus leges omnes et authenticæ perpetuâ explicantur, mores hodierni inseruntur et quid est juris

antiqui novi et novissimi enudatur et breviter exponitur apud Ludovicum Danielem Elzevirios. *Amst.*, 1661, 1 vol. in-4, rel. parch.

274 Iohanis Vœtii commentarius ad Pandectas. Juxta exemplar Hayæ Comitum. 1736, 2 vol. in-4, rel. bas.

275 Caury. Institutes de Justinien, contenant les deux premiers livres. *Paris*, 1841, 2 vol. dem.-rel.

276 Theophili Antecessoris Libri quatuor institutionum. 1657, 1 vol. in-4, rel. bas.

277 J. A. Corvinus Enchiridium seu institutiones imperiales infestu latioribus materiis, theorice et practice digestæ, et explicatæ per Erotemata. *Amstelodami*, 1649, *Elzevirium*, 1 vol. in-18, rel. bas. — Bel ex.

278 Juris civilis Encheridium Gaii et Justiniani institutiones, Ulpiani regularum librum singularem, Pauli sententiarum libros V et alia quædam breviora. *Paris*, 1836, 1 vol. in-12, dem.-rel.

279 Pandectæ Justinianæ in novum ordinem digestæ cura Pothier. *Paris*, 1748, 3 vol. in-fol., rel. bas.

280 Ferromontanus. Corpus Juris civilis academicum. *Coloniæ Munatianæ*, 1775, *Thurneysen*, 2 vol. in-4, rel. bas.

281 Dionysii Gothofredi Corpus juris civilis. *Lyon*, 1650, 2 vol. in-fol., rel. bas.

282 Corpus Juri civilis. *Antverpiæ*, ex officinâ *Plantini*, 1566, 6 vol. in-12, rel. bas.

283 Berriat-Saint-Prix. Histoire du droit romain, suivie de l'histoire de Cujas. *Paris*, 1821, rel. bas.

284 Terrasson. Histoire de la jurisprudence romaine. *Paris*, 1750, 1 vol. in-fol. rel. bas.

285 Giraud. Histoire du droit romain, ou introduction historique sur l'étude de cette législation. *Paris*, 1841, 1 vol. in-8, rel. bas.

286 B. d'Argentré Commentarii in patrias Britonum leges seu consuetudines generales. *Paris*, 1640, 1 vol. in-fol., rel. bas.

PHILOSOPHIE.

MORALE, ÉCONOMIE.

286 *bis*. Margarita philosophica. 1508, 1 vol. in-4, parch.— Très-rare.

287 Condillac. Cours de philosophie, ou Logique complète, suivie de celle de du Marsais. *Paris*, 1822, 1 vol. in-8, rel. bas.

288 L'abbé Delalle. Cours de philosophie chrétienne. *Paris*, 1848, 3 vol. in-8, br.

289 Tissandier. Leçons de philosophie professées au lycée de Lyon, par M. l'abbé Noirot. *Paris*, 1852, 1 vol. in-8, br,

290 D. Marandé. Abrégé curieux et familier de toute la philosophie *Lyon*, 1652, 1 vol. in-12, rel. bas.

291 Patrice Laroque. Eléments de philosophie. *Lyon*, 1830, 1 vol. in-8, rel. bas.

292 Simon. Œuvres philosophiques d'Antoine Arnauld. *Paris*, 1843, *Charpentier*, 1 vol. in-12, br.

293 Ch. Villers. Philosophie de Kant, ou Principes fondamentaux de la philosophie transcendante. *Metz*, 1801, 1 vol. in-8, rel. bas., fil. d'or.

294 V. Cousin. Manuel de l'histoire de la philosophie. *Paris*, 1832, 2 vol. in-8, br.

295 Renouvier. Manuel de philosophie ancienne. *Paris*, 1844, 2 vol. in-12, br.

296 Bayle. Système de philosophie, contenant la logique et la métamorphose. *Berlin*, 1785, 1 vol. in-12, rel. bas.

297 A.-J.-E. Noirot. L'Art de conjecturer appliqué aux sciences morales, politiques. *Paris*, 1851, 1 vol. in-8, br.

298 Laromiguière. Leçons de philosophie. *Paris*, 1826, 3 vol. in-12, br.

299 Deslandes. Histoire critique de la philosophie. *Amsterdam*, 4 vol. in-12, rel. bas.

300 Saverien. Histoire des philosophes anciens avec leurs portraits. *Paris*, 1773, 5 vol. in-12, br.

301 A. Saverien. Histoire des philosophes modernes. *Paris*, 1773, 8 vol. in-12, br.

302 Huet. Traité philosophique de la faiblesse de l'esprit humain. *Londres*, 1741, rel. bas.

303 Locke. Essai philosophique concernant l'entendement humain, traduit de l'anglais par A. Coste, 5e édition. *Amsterdam, Leipzig*, 1755, 1 vol. in-4, rel. bas.

304 Eléments de la philosophie de Newton. *Londres*, 1738, 1 vol. in-8, rel. bas.

305 J. Brackerus. Institutiones historiæ philosophicæ. *Lipsiæ*, 1747, 1 vol. in-8, rel. bas., tranch. et fil. or.

306 Hutcheson. Système de philosophie morale, traduit de l'anglais. *Lyon*, 1770, 2 vol. in-12, rel. bas.

307. Boetius. Libri V consolationis philosophiæ. *Lugd. Batavorum*, 1656, 1 vol. in-18, parch.

308 Boetius. De consolatione philosophica et de disciplina scholarum. *Cleis*, 1 vol. in-4, rel. veau fil. or.

309 La consolation de la philosophie, dédiée aux malheureux. *Paris*, 1771, 1 vol. in-12, rel. bas.

310 Ceriziers. La consolation de la philosophie, traduite du latin de Boece. *Paris*, 1663, 1 vol. in-16, rel. bas.

311 Bouillier. Œuvres philosophiques du Père Buffier, de la Compagnie de Jésus. *Paris*, 1846, 1 vol. in-12, br.

312 Samuel Clarke. Œuvres philosophiques, précédées d'une introduction, par Amédée Jacques. *Paris*, 1843, 1 vol. in-12, dem.-rel., bas.

313 Descartes. Œuvres philosophiques publiées d'après les textes originaux, par L. Aimé Martin. *Paris*, 1838, 1 vol. in-8, dem.-rel., bas.

314 Bernier. Abrégé de la philosophie de M. de Gassendi. *Paris*, 1674, 1 vol. in-12, rel. bas.

315 Thomas Hobbes. Œuvres philosophiques et politiques. *Neufchâtel*, 1787, 2 vol. in-8, rel. bas.

316 Œuvres philosophiques de La Mettrie. *Londres*, 1751, 1 vol. in-4, rel. bas.

317 Rousselot. Œuvres philosophiques de Vanni. *Paris*, 1842, 1 vol. in-12, broché.

318 Gravesand. Œuvres philosophiques et mathématiques, rassem-

blées et publiées par J. V. S. Allamand. *Amsterdam*, 1774, 2 vol. in-4, rel. bas., fil. or.

319 Holland. Réflexions philosophiques sur le système de la nature. *Londres*, 1773, 2 vol. in-12, cart.

320 Le comte Laplace. Essai philosophique sur les probabilités. *Paris*, 1814, 1 vol. in-8, rel. bas,

321 Deleaze Eudoxe. Entretiens sur l'étude des sciences, des Lettres et de la Philosophie. *Paris*, 1810, 2 vol. in-8, cart.

322 P. Flourens. Fontenelle, ou de la Philosophie moderne, relativement aux sciences physiques. *Paris*, 1849, 1 vol. in-12, rel. bas

323 Barruel. Les Helviennes, ou Lettres provinciales philosophiques, 6e édit. *Paris*, 1823, 4 vol. in-12, rel. bas., fil. dor.

324 Platon. Dialogues. Traduction nouvelle avec des arguments et une esquisse sur la philosophie platonicienne, par M. Schwalbé. *Paris*, 1835, 3 vol. in-12, br.

325 Portalis. De l'usage et de l'abus de l'esprit philosophique durant le dix-huitième siècle, 2e édit. ornée du portrait de l'auteur. *Paris*, 1827, 2 vol. in-8, dem.-rel. bas.

326 Essai philosophique sur l'âme des bêtes, où l'on trouve diverses réflexions sur la nature de la liberté, sur celle de nos sensations, sur l'union de l'âme et du corps, sur l'immortalité de l'âme. 2e édition. 1737, 2 vol. in-12, rel. bas.

327 Confucius et Mencius. Les quatre livres de philosophie morale et politique de la Chine, traduite du chinois par G. Pauthier. *Paris*, 1841, 1 vol. in-12, dem.-rel. bas.

328 Th. Stanleii Historia philosophiæ Orientalis. *Amstelodami*, 1690, 1 vol. in-12, parch.

329 François Bacon. Œuvres philosophiques, morales et politiques, avec une notice biographique, par Jac. Bucher. *Paris*, 1836, 1 vol. in-8, dem.-rel., bas.

330 Combalot. Eléments de philosophie catholique. *Paris*, 1833, 1 vol. in-8, dem.-rel. bas.

331 Fénelon. Œuvres philosophiques, comprenant le traité de l'existence de Dieu, les lettres sur divers sujets de métaphysique. *Paris*, 1843, 1 vol. in-12, dem.-rel. bas.

332 Institutiones Philosophicæ auctoritate D. D. archiepiscopi Lugdunensis. Primum editæ anno 1782 ad usum scholarum suæ diœcesis

editio nova prioribus emendatior. *Lyon*, 1807, 5 vol. in-12, rel. bas.

333 Esprit de Leibnitz, ou recueil de pensées choisies sur la religion, la morale, la philosophie, etc. *Lyon*, 1773, 2 vol. in-12, rel. bas.

334 Etudes psychologiques de divers philosophes de l'antiquité. Texte latin. Sans nom ni millésime, 1 vol. in-4, parch.

335 Francisque Bouillier. Histoire critique de la révolution cartésienne. *Lyon*, 1842, dem.-rel. bas.

336 Leibnitz, Clarke, Newton. Recueil de diverses pièces sur la philosophie, la religion naturelle, l'histoire, etc., 3e édition. *Lausanne*, 1759, 2 vol. in-12, dem.-rel., bas.

337 Anti-dictionnaire philosophique pour servir de commentaire et de correctif au dictionnaire philosophique et aux autres livres qui ont paru de nos jours contre le Christianisme. 4e édit. *Avignon*, 1775, 2 vol. in-8, rel. bas.

338 Bossuet. Œuvres philosophiques, précédées d'une introduction par Jules Simon. *Paris*, Charpentier, 1843, 1 vol. in-12, demi-rel. bas.

339 Fénelon Œuvres philosophiques. Démonstration de l'existence de Dieu, tirée de l'art de la nature. *Paris*, 1775, 1 vol. in-12, rel. bas.

340 J.-G. Zimmermann. Solitude. *London*, 1 vol. in-24, rel.

341 Herschel. Discours sur l'étude de la philosophie naturelle ou exposé de l'histoire des procédés. *Paris*, 1834, 1 vol. in-12, br.

342 Victor Cousin. Œuvres philosophiques du Père André, de la Compagnie de Jésus. *Paris*, 1843, 1 vol. in-12, br.

343 Kératry. Du beau dans les arts d'imitation. 1822, 2 vol. in-12, cart. — Et examens philosophiques sur le beau et le sublime de Kant. 1823, 1 vol. in-8, dem.-rel.

344 Descartes, Bacon, Leibnitz. Discours de la Méthode. — Novum organum, traduit en français. *Paris*, 1847, 1 vol. in-12, dem.-rel. bas.

345 Condorcet. Esquisse d'un tableau historique des progrès de l'esprit humain. *Paris*, l'an III, 1 vol. in-8, dem.-rel. bas.

346 Helvétius. De l'Esprit, avec approbation du censeur et privilége du roi. *Paris*, 1758, 1 vol. in-4, dem.-rel.

347 Guillaume Derham. Théologie physique et démonstrative de l'existence et des attributs de Dieu, traduit de l'anglais par Jacques Lufner. *Rotterdam*, 1730, 2 vol. in-8, rel. bas.

348 Réflexions sur l'âme des bêtes en forme d'amusements philosophiques. 1740, 1 vol. in-12, rel. bas.

349 Marcellus Palingenius, Libri XII de hominis vita, studio ac moribus optime instituendis. *Rotterodami*, 1722, 1 vol. in-12, rel. bas.

350 T. Cicero, De officiis libri tres, Cato Major ; somnum scipionis, etc. *Amstelodami*, Blaer, 1688, 1 vol. in-8., rel.

351 M. de Polignac. Anti-Lucretius sive de Deo et natura, libri novem. *Parisiis*, 1747, 2 vol. gr. in-8, rel. bas.

352 Mélanges de littérature, d'histoire et de philosophie. *Amsterdam*, 1759, 5 vol. in-12, v., ant., fil. d'or.

353 Lucrèce. De la nature des choses, traduit par L*** G***, avec gravures. *Paris*, 1768, 2 vol. in-8, dem.-rel. mar. vert.

354 J.-M. de Gérando. De la génération des connaissances humaines. *Paris*, ans XI et XII, 3 vol. in-8, br.

355 Keratry. Inductions morales et physiologiques, 3e édit. *Paris*, 1841, 1 vol. in-12, dem.-rel. bas.

356 Necker. De l'importance des opinions religieuses. *Londres*, 1788, 1 vol. in-8, rel. bas.

357 Cassiodore. De l'âme, traduction du sr de Priezac. *Paris*, 1661, De Somnaville, 1 vol. in-12, parch.

358 J.-J. Combes Dounous. Essai historique sur Platon et coup d'œil rapide sur l'histoire du platonisme. *Paris*, 1809, 2 vol. in-12, dem.-rel. bas.

359 Œuvres de Leibnitz, précédées d'une introduction par M. A. Jacques. *Paris*, Charpentier, 1842, 1 vol. in-12, dem.-rel. bas.

360 Leibnitz, essai de Théodicée sur la bonté de Dieu, la liberté de l'homme et l'origine du mal. *Amsterdam*, 1714, 2 vol. in-12, rel. bas.

361 Hayer Ricolet. La Spiritualité et l'immortalité de l'âme. *Paris*, 1757, 2 vol. in-12, rel. bas.

362 J.-B.-C. Blambourg. Du Rationalisme et de la tradition. *Paris*, 1834, 1 vol. in-8, dem.-rel. bas.

363 Victor Cousin. Du Vrai, du beau et du bien. *Paris*, 1 vol. in-12, dem.-rel., bas.

364 Ballanche. Du Sentiment considéré dans ses rapports avec la littérature et les arts. *Paris*, 1801, 1 vol. in-8, dem.-rel. bas.

365 V. Cousin. Rapport à l'Académie française sur la nécessité d'une nouvelle édition des pensées de Pascal. *Paris*, 1843, 1 vol. in-8, br.

366 Mallebranche. De la Recherche de la Vérité. *Paris*, 1712, 2 vol. en 1 in-4, rel. bas. —

367 A.-C. Rivarol. De l'Homme, de ses facultés intellectuelles et de ses idées premières. *Paris*, an VIII (1800), 1 vol. in-4, dem.-rel. bas.

368 Recherches sur l'origine des idées que nous avons de la beauté et de la vertu, en deux traités, le premier sur la beauté, l'ordre, l'harmonie et le défini, le second sur le bien et le mal. *Amsterdam*, 1749, 2 vol. in-12, rel. bas.

369 L'Ame ou le système des matérialistes, soumis aux seules lumières de la raison. (Ubi sapiens, ubi scriba; ubi conquistor hujus seculi? Saint Paul). *Avignon*, 1759, 1 vol. in-12, dem.-rel., bas.

370 P.-D. Huetii De imbecillitate mentis humanæ libri tres. *Amstelodami*, 1738, Sauzet, 1 vol. in-18.

371 Petri Pomponatii Mantuani Tractatus de immortalitate animæ. Sans nom de ville, 1534, 1 vol. in-18, rel. bas. — Estimé.

372 Manuel d'Épictète, traduit du grec avec les commentaires de Simplicius, le nouveau manuel, et le tableau de Cébès, nouvelle édition. *Paris*, 1790, 1 vol. in-8, rel. veau, fil. or.

373 Saphary. École éclectique et l'école française. *Paris*, 1844, 1 vol. in-8, br.

374 De Crousaz. La Logique ou système de réflexion qui peuvent contribuer à la netteté et à l'étendue. *Amsterdam*, 1725, 4 vol. in-12, rel. bas.

375 Bergier. Examen du matérialisme ou réfutation du système de la nature. *Paris*, 1771, 2 vol. in-12, rel. veau ant.

376 Batteux. La morale d'Épicure, tirée de ses propres écrits. *Paris*, 1758, 1 vol. in-12, rel. bas.

377 Mendelssohn, Phédon. Entretiens de Socrate avec ses disciples sur l'immortalité de l'âme, précédés de la vie de ce célèbre philosophe. *Paris*, 1830, 1 vol. in-8, dem.-rel. bas.

378 C. Bonnet. Contemplation de la nature. *Amsterdam*, 1766, 2 vol. in-12, dem.-rel., bas.

379 Henri lord Brougham. Discours sur la théologie naturelle, indiquant la nature de son évidence. *Paris*, 1835, 1 vol. in-8, br.

380 Lecat. Traité des sensations et des passions en général et du sens en particulier. *Paris*, 1767, 3 vol. in-8, rel. bas.

381 Cicéron. Entretiens sur la nature des Dieux. *Paris*, 1721, 3 vol. rel. veau, fil. or. — Bel ex.

382 Scipion du Pleix. Logique ou art de discourir et de raisonner. *Lyon*, 1620, 1 vol. in-8, rel. bas. ant.

383 Mieuwentyt. L'existence de Dieu démontrée par les merveilles de la nature, en trois parties avec planches. *Amsterdam*, 1760, 1 vol. in-4, rel. bas.

384 Condillac. Essai sur l'origine des connaissances humaines. *Paris*, 1769, 3 vol. in-12, rel. bas.

385 De Pauw. Recherches philosophiques sur les Grecs. *Berlin*, *Paris*, 1788, 2 vol. in-12, rel. bas.

386 Recherches philosophiques sur les Américains, avec une dissertation sur l'Amérique et les Américains, par dom Pernéty. *Londres*, 1771, 3 vol. in-12, rel. bas.

387 Diogène Laerce. Les Vies des plus illustres philosophes de l'antiquité. *Paris*, 1796, 2 vol. in-8, rel., fil. or.

388 Huet. Huetiana ou pensées diverses. *Paris*, 1722, 1 v. in-12, rel. bas.

389 Anti-Ménagiana où l'on cherche ses bons mots, sa morale, ses pensées judicieuses. *Paris*, 1693, 1 vol. in-12, rel. bas.

390 Comte Oxenstiern. Pensées sur divers sujets de morale. *Francfort-sur-le-Mein*, 2 vol. in-12, rel. bas.

391 De Gérando. Du Perfectionnement moral ou de l'éducation de soi-même. *Paris*, 1833, 2 vol. in-8, br.

392 J.-M. de Gérando. Des signes et de l'art de penser. *Paris*, an VIII, 4 vol. in-8, rel. tr. fil. or.

393 Parrhase. Parrhasiana ou pensées diverses sur les matières de critique, d'histoire, de morale et de politique. *Amsterdam*, 1701, 2 vol. in-12, rel., bas.

394 De Valois fils. Valesiana ou les pensées critiques, historiques et morales et les poésies latines de Monsieur de Valois. *Paris*, 1645, 1 vol. in-12, rel., bas.

395 Entretiens sur les sciences, dans lesquels on apprend comme l'on se doit servir des sciences pour se faire l'esprit juste et le cœur droit. *Lyon*, 1694, 1 vol. in-12, rel. bas.

396 Bouhours. La Manière de bien penser dans les ouvrages d'esprit. *Amsterdam*, 1799, 1 vol. in-12, rel. bas.

397 Réné (François.) Essai des merveilles de la nature. *Paris*, 1646, 1 v. in-12, rel. bas.

398 Barrier D'Aucourt. Sentiments de Charité sur les entretiens d'Ariste et d'Eugène. *Paris*, 1748, 4e édit., in-12, rel. bas.

399 Moralistes anciens, traduits du grec. *Paris*, 1840, 1 vol. in-12, dem.-rel. bas.

400 Traité de l'âme des bêtes avec des réflexions physiques et morales. *Paris*, 1737, 1 vol. in-12, rel. bas.

401 Toussaint. Les mœurs, 3 part. en 1 vol. in-12, *Amsterdam*, 1753, rel. bas.

402 Senault, De l'usage des passions. *Paris*, 1665, 1 vol. in-16, rel. bas.

403 Les œuvres morales de Plutarque, translatées de grec en français, revues et corrigées en plusieurs passages par le translateur. *Paris*, 1584, 1 vol. in-12, parch.

404 Apologie de Monsieur de La Bruyère, ou réponse à la critique des caractères de Théophraste. *Paris*, 1701, 1 vol. in-12, rel. mar., tr. dor.

405 Les caractères de La Bruyère, suivis des caractères de Théophraste. *Paris*, Lefèvre, 1823, 3 vol. in-32, dem.-rel. bas.

406 Duclos, considérations sur les mœurs de ce siècle. *Paris*, 1767, 1 vol. in-12, rel. bas.

407 Droz, essai sur l'art d'être heureux. *Paris*, 1811, 1 vol. in-8, dem.-rel. v.

408 Michel Montaigne. Essais. *Paris*, Lefèvre 1818, dem.-rel. bas.

409 Essai sur les erreurs populaires ou examens de plusieurs opinions fausses ou douteuses, traduit de l'anglais par Thomas Brown. *Paris*, 1733, 2 vol. in-12, rel. bas.

410 De La Chambre. Les caractères des passions. *Paris*, 1677, 4 vol. in-4, rel. v. f. Bel ex.

411 Corn. ab Hogelande Cogitationes. *Lugd.-Batavorum*, Gelder, 1676, 1 vol. in-24, rel. v.

412 Gratien de Semur. Traité des erreurs et préjugés. *Paris*, 1842, 1 vol. in-12, br.

413 J.-B. Salgues. Des erreurs et des préjugés répandus dans les XVIIIe et XIXe siècles. *Paris*, 1828, 2 vol. in-8, dem.-rel. d. bas.

414 Hume. Essais Moraux et politiques, traduits de l'anglais. *Amsterdam*, 1764, 4 vol. in-4, rel. bas.

415 J.-B. Salgues. Des erreurs et des préjugés répandus dans la société. *Paris*, 1810, 3 vol. in-8, rel. bas.

416 Essai sur les erreurs et les superstitions, par M. L. C. *Amsterdam*, 1745, in-8, rel. bas.

417 Essais de Morale contenus en divers traités sur plusieurs devoirs importants. *Paris*, 1715, 13 vol. in-18, rel. bas.

418 Charron. De la sagesse. *Paris*, 1664, 1 vol. in-12, rel. bas.

419 Jacques Abbadie. Art de se connaître soi-même, ou la recherche des sources de la morale. *Rotterdam*, 1697, 1 vol. in-12, rel. parch.

420 Jacques Abbadie. L'art de se connaître soi-même. *La Haye*, 1760, 1 vol. in-12, rel. bas.

421 Martin. Éducation d'une mère de famille, 5e édit. *Paris*, Charpentier, 1847, 2 vol. in-12, br.

422 Coste. De l'éducation des enfants, traduit de l'anglais de M. Jean Locke. *Paris*, 1748, 2 vol. in-12, cart.

423 Les entretiens d'Ariste et d'Eugène, 5e édit., par le P. Bouhours, jésuite. *Paris*, 1783, 1 vol. in-12, bas. — Bel ex.

424 Blanqui aîné. Histoire de l'économie politique en Europe depuis les anciens jusqu'à nos jours. *Paris*, 1845, 2 vol. in-8, dem.-rel., bas.

425 Frédéric Bastiat, Baudrillard, Blaise, Blanqui. Dictionnaire de l'économie politique. *Paris*, Guillaumin, 1854, 2 vol. gr. in-8, br.

426 J. Droz. Economie politique, ou principes de la science des richesses, 2e édition. *Paris*, 1846, 1 vol. in-12, dem.-rel. bas.

427 Le comte de Maistre. Les soirées de Saint-Pétersbourg. *Anvers*, 1821, 2 vol. in-8, dem.-rel., bas.

428 Gundeville. Idée d'une république heureuse, ou l'utopie de Thomas Morus. *Amsterdam*, 1730, 1 vol. in-12, avec fig., rel. v. fil. d'or.

429 L'abbé de Mably. Entretiens de Phocion sur le rapport de la morale avec la politique, avec des remarques. *Zurich*, 1766, 1 vol. in-12, rel. bas.

430 De Voltaire. Anti-Machiavel ou essai de critique sur le Prince de Machiavel. *Amsterdam*, 1741, 1 vol. in-8, br.

431 Vauban. Projet d'une dixme royale. 1708, rel. bas.

432 M. de Necker. De l'administration des finances de la France. 1784-1788, 4 vol. in-8, y compris 1 vol. de supplément, rel. bas. ant.

433 Grand-Thorane. Observations sur les rapports d'experts, avec des statistiques sur le prix des vins et grains depuis d'anciennes époques, etc., etc. Instructions faciles de Géométrie pratique, et

observations faisant suite à l'ouvrage précédent. *Grenoble*, 1785 et 1786, 2 vol. in-12, cart. et br.

434 De Joncourt. Essai sur la différence du nombre des hommes dans les temps anciens et modernes. *Londres*, 1754, 1 vol. in-12, rel. bas.

435 P. J. Rossi. Cours d'économie politique. *Paris*, 1840, 2 vol. in-8, br.

436 Adam Smith. (Traduit de l'anglais). Recherches sur la nature et les causes de la richesse des nations. *La Haye*, 1778, 4 vol. in-12, rel. bas.

437 J. F. Terme et J. B. Monfalcon. Histoire statistique et morale des enfants trouvés, suivie de cent tableaux. *Paris-Lyon*, 1837, dem.-rel., bas.

438 Bodin, Angevin. Les Six Livres de la République. 1577, 1 vol. in-12, sans nom d'imprimeur, dem.-rel., bas.

439 Platon. L'État, ou la République, traduction de Grou. *Paris*, Charpentier, 1851, 1 vol. in-12, br.

440 Platon. Les Lois, traduction de Grou, revues et corrigées sur le texte grec d'Enne Becker. *Paris*, Charpentier, 1851, 1 vol. in-12, broch.

441 Aristote. La Morale et la Politique, traduites du grec, par M. F. Thurot. *Paris*, 1823, 2 vol. in-8, rel., fil. dor. — Bel exempl.

442 Hyer. Cardanus. Arcana politica. *Lugd.-Batavorum*, 1635, Elzeviriana editio. 1 vol. in-18, parch. — Bel ex.

443 Thiers. De la propriété. *Paris*, 1848, 1 vol. in-8, dem.-rel., veau.

SCIENCES.

PHYSIQUE, HISTOIRE NATURELLE, AGRICULTURE.

444 Batissier. Histoire de l'art monumental dans l'antiquité et au moyen-âge, suivi d'un Traité sur la peinture sur verre. *Paris*, 1845, 1 vol. grand in-8, dem.-rel., d. mar., planches intercalées dans le texte. — Très-rare.

445 Greppo. Études archéologiques sur les eaux thermales ou miné-

rales de la Gaule, à l'époque romaine. *Paris*, 1846, 1 vol. in-8 br. — Rare.

446 Charles Patin. Histoire des médailles, ou introduction à la connaissance de cette science. *Paris*, 1645, 1 vol. in-12, avec médaillons, rel. bas., fil. d'or.

447 Morin. Numismatique féodale du Dauphiné, Archevêques de Vienne, Evêques de Grenoble, Dauphins de Viennois. *Paris*, Rollin, 1854, 1 vol. in-4, avec médailles, br.

448 Jean Boizard. Traité des monoies. *Paris*, 1692, 1 vol. in-12, avec planches, rel. bas.

449 Encyclopédie moderne, Dictionnaire abrégé des sciences, des lettres, des arts, de l'industrie, de l'agriculture, du commerce. Nouvelle édition publiée sous la direction de M. Renier. *Paris*, 1856, Didot, 30 vol. in-8, dont 3 de planches, br.

450 Encyclopédie portative, collection de traités élémentaires sur les sciences, l'histoire et les belles-lettres, par une société de gens de lettres et de savants. *Paris*, 1842, 33 vol. in-24, orné de planches, broch.

451 Dubois. Histoire de l'horlogerie depuis son origine jusqu'à nos jours, précédée de Recherches sur la mesure des temps dans l'antiquité, et suivie de la biographie des horlogers les plus célèbres de l'Europe. *Paris*, 1849, 1 vol. in-4, illustré de près de 300 figures, dont plusieurs coloriées, exécutées par Seré, br. — Rare.

452 Encyclopédie Roret. Divers volumes. Manuel du peintre, 2 vol., Banquier, Agent de change et Courtier, 1 vol., Charpentier, 1 vol. Typographie, Imprimerie, en 2 parties. Gardes nationaux de France, 1 vol., Maçon-platrier, Carreleur, Couvreur et Paveur, 1 vol.

453 Kaemtz. Cours complet de météorologie, traduit par Ch. Martins. *Paris*, 1843, 1 vol. in-12, avec planches, br.

454 Perrauld-Maynand. Monographie de la Jeunesse, ou Leçons de sphère et d'astronomie, démontrées sans le secours des mathématiques. *Paris*, 1835, 1 vol. in-12, dem.-rel., bas.

455 Mollet. Mécanique, Physique, ou Traité expérimental du mouvement, de l'équilibre, considérés dans les corps solides. *Avignon*, 1818, 1 vol. in-8, dem.-rel. v.

456 Olivier. Géométrie usuelle, Trigonométrie, accompagnée de problèmes. *Paris*, 1850, 1 vol. in-8, avec planches, cart.

457 Thiollict. L'art de lever les plans, arpentages, nivellement et

lavis des plans, enseigné en 20 leçons, avec 600 gravures, 16 planches, 4e édition. *Paris*, 1834, 1 vol. in-12, br.

458 Legendre. Eléments de Géométrie. *Paris*, 1817, 1 vol. in-8, dem.-rel. bas.

459 Bourdon. Eléments d'arithmétique. *Paris*, 1825, 1 vol. in-8, dem.-rel. bas.

460 Lacroix. Essais sur l'enseignement en général et sur celui des mathématiques en particulier. *Paris*, 1838, 1 vol. in-8, dem.-rel., bas.

461 Delamarche. Les usages de la sphère et des globes célestes et terrestres, 4e édit. *Paris*, 1821, in-8, rel. bas.

462 Jean Huarte. Examen pour les sciences. *Lyon*, 1668, 1 vol. in-12, rel. bas.

463. Hœfer. Dictionnaire de chimie et de physique. *Paris*, 1847, 1 vol. in-12, dem.-rel. bas.

464 Lavoisier. Traité élémentaire de chimie, avec fig. *Paris*, 1743, 3 vol. in-8, rel. bas.

465 Payen. Des substances alimentaires. *Paris*, 1854, 1 vol. in-12, br.

466 Lassaigne. Abrégé élémentaire de chimie inorganique et organique, 4e édit. *Paris*, 1846, dem.-rel. bas. Rare.

467 M. V. Regnault. Cours élémentaire de chimie à l'usage des Facultés, des établissements d'instruction secondaire, etc., etc. 2e édit. *Paris*, 4 vol. in-12, dem.-rel. v.

468 Liebig. Lettres sur la chimie considérée dans ses applications à l'industrie, à la physiologie et à l'agriculture. *Paris*, Charpentier, 1847, 1 vol. in-12, br. Rare.

469 Description des atômes. *Paris*, 1813, 1 vol. in-8, br.

470 Dumas. Leçons sur la philosophie chimique, professées au collége de France, recueillies par M. Bineau. *Paris*, 1837, 1 vol. dem.-rel. bas.

471 Scipion Du Pleix. La physique, ou science des choses naturelles. *Lyon*, 1620, 1 vol. in-8, rel. bas., ant.

472 Euler. Lettres à une princesse d'Allemagne, sur divers sujets de physique. *Paris*, 1843, 1 vol. in-12, dem.-rel. bas.

473 Mollet. Cours élémentaire de physique expérimentale. *Paris*, 1822, 2 vol. in-8, dem.-rel. v.

474 Mollet. Hydraulique physique. *Paris*, 1809, 1 vol. in-8, avec planches, dem.-rel. v.

475 Pinaud. Programme d'un cours élémentaire de physique. *Paris*, 1848, 1 vol. in-8, br.

476 Pouillet. Notions générales de physique. *Paris*, 1850, 1 vol. in-12 avec planches, br.

477 Pouillet. Éléments de physique expérimentale et de météorologie. 5e édit. *Paris*, 1847, 2 vol. in-8, avec pl., br.

478 Marat. Recherches physiques sur l'électricité. *Paris*, 1722, 1 vol. in-8, avec fig., rel. bas.

479 Becquerel. Traité d'électricité et de magnétisme. *Paris*, Didot, 1855, 3 vol. in-8, avec planches intercalées dans le texte, br.

480 De la Rive. Électricité théorique et appliquée. *Paris*, 1856, 2 vol. in-8, avec figures intercalées dans le texte.

481 Mollet. Etude du ciel. *Lyon*, 1 vol. in-8, rel. bas.

482 Les Ephémérides perpétuelles de l'air. 1554, 1 vol. in-24, rel. v.

483 Perrault. De l'origine des fontaines. *Paris*, 1674, 1 vol. in-12, rel. bas.

484 Furetière et Basnage de Beauval. Dict. universel des sciences et des arts. *La Haye*, 1727, 1 vol. in-fol., rel. bas.

485 Institutions physico-mécaniques, à l'usages des écoles royales d'artillerie et du génie, de Marini, traduit de l'italien de d'Antoni. *Strasbourg*, 1777, 2 vol. in-8, rel. bas.

486 Bacon F. Historia naturalis et experimentalis de ventis, etc. *Lugd. Batav.*, 1648, 1 vol. in-18, bas. gauf., fil. or.

487 Kenelmus. Institutionum peripetateticarum. Et appendix theologica de origine mundi, par Anglus. *Lugduni*, 1546, 1 vol. in-18, rel. v., fil. or.

488 Dinet. Cinq livres des hiéroglyphiques, où sont contenus les plus rares secrets de la nature et propriétés de toutes choses. *Paris*, 1614, 1 vol. in-4, rel. bas.

489 H. Corneille Agr. Déclamations sur l'incertitude, vanité et abus des sciences. 1582, 1 vol. in-12, rel. bas.

490 Bailly. Lettre sur l'origine des sciences et sur celle des peuples de l'Asie. *Londres*, 1777, 1 vol. in-8, rel. bas.

491 Baconis de Verulam Libri IX scientiarum de argumentis. *Amstelodami*, 1662, 1 vol. in-18, rel. bas.

492 H. C. Agrippæ ab Nettesheym. De incertitudine et vanitate omnium scientiarum et artium liber. 1662, 1 vol. in-8, bas.

493 Alexandre Bertrand. Lettres sur les révolutions du Globe, enrichies de nouvelles notes par MM. Arago, Elie de Beaumont, Brongniart, etc., etc., 6e édition. *Paris*, 1845, 1 vol. in-8, br.

494 Flourens, Cuvier. Histoire de ses travaux. Buffon. Histoire de ses travaux et de ses idées, 2 vol. in-12, rel. bas.

495 Cuvier. Discours sur les révolutions de la surface du globe et sur les changements qu'elles ont produit dans le règne animal. *Paris*, 1830, in-8, dem.-rel. bas.

496 Camillus Leonardus. Speculum lapidum. *Parisiis*, apud Davidem, 1610. — Petrus Arlensis. Sympathi septem metallorum ac septem selectorum lapidum ad planetas. *Parisiis*, apud Davidem, 1610, 2 vol. in-12 rel. en 1, bas.

497 Renatus Rapinus. Libri IV hortorum et culturæ hortensis. Gabriel Brotier addidit historiam hortorum. *Parisiis*, 1780, Barbou, 1 vol. in-12, v., fil. tr. or.

498 Ocellus Lucanus. De la nature de l'univers, suivi d'une lettre d'Aristote à Alexandre sur le système du monde. *Paris*, 1768, 1 vol. in-8, rel. v. ant., fil. d'or.

499 Alexandre Humbold. Cosmos, Essai d'une description physique du monde. *Paris*, 1848-1851, 3 vol. in-8 en 4 part., br.

500 Joannet. Les bêtes mieux connues. *Paris*, 1770, 2 vol. in-12, rel. bas.

501 Lesson. Mœurs, instinct et singularités de la vie des animaux mammifères. *Paris*, 1842, 1 vol. in-12, br.

502 Mirabaud. Système de la nature ou les lois du Monde physique et du Monde moral. *Londres* 1771, 2 vol. in-8, rel. bas.

503 Lesser, traduit de l'allemand avec des remarques, par M. P. Lyonnet. Théologie des insectes, ou démonstration des perfections de Dieu dans tout ce qui concerne les insectes. *Paris* 1745, 2 vol. in-8, rel. bas.

504. De la Chambre. Traité de la connaissance des animaux, où tout ce qui a été dit pour et contre l'âme des bêtes, est examiné. *Paris*, 1648, 1 vol. in-4, rel. parch.

505 Pluche. Le spectacle de la Nature, ou Entretiens sur les particularités de l'histoire naturelle qui ont paru les plus propres à ren-

dre les jeunes gens curieux et leur former l'esprit. *Paris*, 1745, 8 t. en 9 vol. in-12, rel. bas.

506 Buffon. Œuvres choisies, contenant l'histoire naturelle des animaux. *Paris*, 1845, 2 vol. in-12, d.-rel. bas.

507 Spach, naturaliste. Végétaux phanérogames. (Organes sexuels apparents, arbres, arbrisseaux, plantes d'agrément, etc.). *Paris*, 1846, 14 forts vol. in-8, et atlas de 152 planches gravées, col. — Bel ex.

508 Œuvres complètes de Buffon, avec la nomenclature linéenne et la classification de Cuvier, annotées par Flourens. *Paris*, 1853 à 1855, 12 vol. gr. in-8 avec fig. col., dem.-rel. mar. r. — Bel. ex.

509 Richard. Nouveaux éléments de botanique. *Paris*, 1846, 1 vol. in-8, orné de plus de 900 fig. intercalées dans le texte, 7e édition, broch.

510 Roques. Phytographie médicale, histoire des substances héroïques et des poisons tirés du règne végétal. 1834, Nouvelle édition entièrement refondue, 3 vol. gr. in-8, pap. rose avec atlas gr. in-4, avec 150 pl. col., papier de Chine, d.-rel. mar. vert., doré en tête, non rog. *Bruyère*. — Rare.

511 Salacroux. Nouveaux éléments d'histoire naturelle, contenant la zoologie, la botanique, la minéralogie et la géologie, avec 450 gravures. *Paris*, 1839, 2 vol. in-8, d.-rel. veau. — Rare.

512 Comte. Règne animal disposé en tableaux méthodiques. *Paris*, V. Musson, 2 vol. in-fol. avec planche dem.-rel. mar.

513 Jacobus Vanierius. Prædium rusticum. *Parisiis*, 1786, 1 vol. in-12, rel. veau, fil. et tr. or. (nova editio).

514 Girardin et du Breuil. Cours élémentaire d'agriculture. *Paris*, 1850, 2 vol. in-12, br.

515 Charles-Etienne et Jean Liébault. L'agriculture et la maison rustique. *Lunéville*, 1578, 1 vol. in-4, relié parch.

516 Paquet. Choix des plus belles roses peintes d'après nature, imprimées en couleur et retouchées au pinceau, ouvrage accompagné d'un texte descriptif. *Paris*, 1850, 1 vol. in-fol. orné de 60 pl. d.-rel. mar.

517 Olivier de Serres, seigneur de Pradel. Le Théâtre d'agriculture et ménage des champs. *Paris*, 1608, 1 vol. in-4, rel. v. tr. dor. — Edité du vivant de l'auteur.

MÉDECINE, PHYSIOLOGIE.

518 Aphorismorum Hippocratis septem sectiones. Gryphius. *Lugd.*, 1543, 1 vol. in-18, mar. vert, fil. or.

519 Hœfer. Dictionnaire de médecine pratique. *Paris*, 1847, 1 vol. in-12, d.-rel. bas.

520 Galeni Ars medicinalis Nicolao Leoniceno interprete. *Venetiis*, 1647, 1 vol. in-32, rel. veau.

521 Hippolyte Cloquet. Traité d'anatomie descriptive, planches, ostéologie, myologie, deux atlas in-4, fig. noir, avec descriptions des planches. *Paris*, *Masson*, 1835, cartonné.

522 Hippolyte Cloquet. Traité d'anatomie descriptive. *Paris*, 1851, 2 vol. in-8, rel. bas. 5e édit.

523 Massé. Atlas complet d'anatomie descriptive du corps humain, destiné à compléter tous les traités d'anatomie descriptive avec le Traité Bayle, colorié, 4e édit. *Paris*, *Baillière*, 1848, in-12, rel. toile.

524 Bourdon. Principes de physiologie médicale. *Paris*, 1828, 2 vol. in-8, br.

525 C. M. Sandras. Traité pratique des maladies nerveuses. *Paris*, 1851, 2 vol. in-8, br.

526 Reveillé-Parise. Traité de la vieillesse, hygiénique, médical et philosophique. *Paris*, 1843, 1 vol. in-8, br.

527 Michel Lévy. Traité d'hygiène publique et privée. *Paris*, 1850, 2 vol. in-8, dem. rel., d. bas.

528 P.-J.-C. Debreyne. Essai sur la Théologie morale considérée dans ses rapports avec la physiologie et la médecine, ouvrage spécialement destiné au clergé. *Paris*, 1843, 1 vol. in-8, br.

529 Descuret. La Médecine, ou les Passions considérées dans leurs rapports avec les maladies, les lois et la religion, 2e édition. *Paris*, 1844, *Labé*, 1 vol. in-8, br.

530 Discours fait en une célèbre assemblée, par le chevalier Digby, touchant la guérison des plaies par la poudre de sympathie. *Paris*, 1681, 1 vol. in-12, rel. bas.

531 Antonin Petit. Essai sur la médecine du cœur. *Paris*, 1828, 1 vol. in-8, dem.-rel. bas.

532 Le Camus. Médecine de l'esprit où l'on cherche : 1° le Méchanisme du corps qui influe sur les fonctions de l'âme ; 2° les Causes physiques qui rendent ce méchanisme ou défectueux ou plus parfait ; 3° les Moyens qui peuvent l'entretenir dans son état libre, et le rectifier lorsqu'il est gêné. *Paris*, 1765, 2 vol. in-12, rel. bas.

533 M. de Burigny. Traité de Porphyre touchant l'abstinence de la chair des animaux. *Paris*, 1747, 1 vol. in-12. rel. bas.

534 Hyer. Cardanus. Liber de propria vita. *Amstelodami*, 1654, 1 vol. in-8, parch.

535 Alibert. Physiologie des passions, ou nouvelle doctrine des sentiments moraux. *Paris*, 1825, 2 vol. in-8, dem.-rel. bas.

536 Bichat. Recherches physiologiques sur la vie et la mort, augmentées de notes par Magendie. *Paris*, 1822, 1 vol. in-8. dem.-rel. bas.

537 Virey. De la physiologie dans ses rapports avec la philosophie. *Paris*, 1844, 1 vol. in-8, br.

538 Muller. Manuel de physiologie, avec des annotations par Jourdan, et accompagné de 275 figures dans le texte. *Paris*, 1845, *J.-B. Baillière*, 2 vol. in-8, dem.-rel. veau.

539 Brillat-Savarin. Physiologie du goût. *Paris*, 1841, *Charpentier*, 1 vol. in-12, dem.-rel.

540 Lordat. Preuve de l'insénescence du sens intime de l'homme et application de cette vérité. *Paris*, 1844, 1 vol. in-8, br.— Rare.

541 Lordat. Leçons de physiologie, discours fait à la Faculté de médecine de Montpellier. *Paris*, 1837, 1 vol. in-8, br. — Rare.

542 Lordat. Leçons sur la question de l'intelligence des bêtes, tirées du Cours de physiologie fait à la Faculté de Montpellier. *Montpellier*, 1843, in-8, br. — Rare.

543 Reveillé-Parise. Physiologie et hygiène des hommes livrés aux travaux de l'esprit, 4e édition. *Paris*, 1843, 2 vol. in-8, br.

544 Hutin. Manuel de la physiogie de l'homme. *Paris*, 1838, 1 vol. in-12, dem.-rel. bas.

545 Lordat. Rappel des principes doctrinaux de la constitution de l'homme, énoncés par Hippocrate. *Paris*, 1857, 1 vol. in-8, br. — Rare.

546 Traité de l'opinion, ou Mémoire pour servir à l'histoire de l'esprit humain. *Paris*, 1733, 6 vol. in-8, rel. bas. fil. or.

547 Azaïs. Des compensations dans les destinée humaines. *Paris*, 1846, 1 vol. in-12, br.

548 Maine de Biran, publié par Cousin. Nouvelles considérations sur les rapports du physique et du moral de l'homme. *Paris*, 1834, 1 vol. in-8, dem.-rel., bas.

549 Bourdon. Lettres à Camille sur la physiologie. *Paris*, 1847, 1 vol. in-12, br.

550 Roussel. Système physique et moral de la femme, annoté par Cerisi. *Paris*, 1845, *Charpentier*, 1 vol. in-12, br.

MAGNÉTISME.

551 J.-P.-F. Deleuze. Instruction pratique sur le magnétisme animal. *Paris*, 1846, 1 vol. in-12, br.

552 Défense du magnétisme animal. *Paris*, 1819, 1 vol. in-8, dem.-rel., bas.

553 J.-P.-F. Deleuze. Histoire critique du magnétisme animal. *Paris*, 1819, 2 t. en 1 vol. in-8, dem.-rel.

554 Dubois et Burdin. Histoire académique du magnétisme animal. *Paris*, 1841, 1 vol. in-8, br.

555 Huet. Mémoires sur le magnétisme animal. Imprimés par ordre du roi. 1784, etc. 1 vol. in-8, dem.-rel.

556 Le baron du Potet. Journal du magnétisme, rédigé par une société de magnétiseurs et de médecins. *Paris*, 1845 à 1852, 11 vol. in-8, br. Rare.

557 Du Potet. Manuel de l'étudiant magnétiseur, 2e édit. *Paris*, 1840, in-12, br.

558 Du Potet. Essai sur l'enseignement philosophique du magnétisme. *Paris*, 1845, 1 vol. in-8, br.

559 A. Teste (D.-M.-P.) Le magnétisme animal expliqué, etc. *Paris*, 1845, 1 vol. in-8, dem.-rel. bas.

560 Foissac (D.-M.-P.) Rapport et discussion de l'Académie royale

de médecine sur le magnétisme animal. *Paris*, 1833, 1 vol. in-8, dem.-rel.

561 Billot D.-M. Correspondance sur le magnétisme vital entre un solitaire et M. Deleuze. *Paris*, 1839, 2 vol. in-8 en 1, dem.-rel. bas.

562 Cahagnet. Magnétisme, arcanes de la vie future dévoilés, t. II. *Paris*, 1849, in-12, br.

563 Chardel. Esquisse de la nature humaine, expliquée par le magnétisme animal. *Paris*, 1826, 1 vol. in-8, br.

564 Châtenet et Puységur. Du magnétisme animal considéré dans ses rapports avec diverses branches de la physique générale. *Paris*, 1820, 1 vol. in-8, br.

565 Charpignon. Physiologie, médecine et métaphysique du magnétisme. *Paris*, 1848. 1 vol. in-8, dem.-rel. mar.

566 Recueil de différentes pièces sur le magnétisme animal. — Examen du compte-rendu par M. Thouret, sous le titre de correspondance de la société royale de médecine, par J.-B. Bonnefoy. — Lettres sur le magnétisme animal, par J. A. Dupas. — Examen du magnétisme animal, par l'abbé Frère. — Théorie des phénomènes magnétiques, par J.-A. Fednagaror. 1 vol. in-8, diverses dates, dem.-rel.

567 A. Gauthier. Introduction au magnétisme. *Paris*, Dentu, 1840, 1 vol. in-8, dem. rel.

568 A. Gauthier. Histoire du somnambulisme. *Paris*, Dentu, 1842, 2 vol. in-8, rel. en 1.

569 A. Gauthier. Traité pratique du magnétisme et du somnambulisme. *Paris*, Germ. Baillière, 1845. 1 vol. in-8, dem.-rel. Rare.

570 Charrel. Essai de psychologie physiologique, 3e édit. *Paris*, 1844, 1 vol. in-8, br.

571 Retz. Mémoire sur la jonglerie et les phénomènes du mesmérisme, suivi du Baquet magnétique (comédie) et de l'éloge de Mesmer. 1784, 1 vol. in-8, dem.-rel.

572 Ricard. Physiologie et hygiène du magnétiseur. *Paris*, 1844, 1 vol. in-12, br.

473 Aug. Roullier. Exposition physiologique des phénomènes du magnétisme animal et du somnambulisme. *Paris*, 1817, 1 vol. in-8, dem.-rel.

574 Thouret. Recherches et doutes sur le magnétisme animal. *Paris*, 1784, 1 vol. in-12, dem.-rel.

575 Essai sur la théorie du somnambulisme magnétique, par M. F. D. M. *Londres*, 1785, 1 vol. in-8, dem.-rel. bas.

576 Histoire de la guérison d'une jeune personne par le magnétisme animal, traduit de l'allemand de F.-C. de Strombeck, avec une préface du docteur Marcard. *Paris*, 1814, 1 vol. in-8, dem.-rel.

577 De la philosophie corpusculaire, ou des connaissances et des procédés magnétiques chez les divers peuples. *Paris*, 1785, in-8, rel. bas.

578 Ricard. Traité théorique et pratique du magnétisme animal ou méthode facile pour apprendre à magnétiser. *Paris*, 1841, Germer-Bailler, 1 vol. in-8. — Très-rare.

579 Le naturalisme des convulsions dans les maladies de l'épidémie convulsionnaire, et le naturalisme des convulsions démontré par la physique, par l'histoire naturelle et les événements de cette œuvre. *Soleure*, 1733, 2 vol. in-12, rel. bas.

580 F. Lélut. L'amulette de Pascal, pour servir à l'histoire des hallucinations. *Paris*, 1846, 1 vol. in-8, br.

581 Lélut. Démon de Socrate. Spécimen d'une application de la science psychologique à celle de l'histoire. *Paris*, 1836, 1 vol. in-8, br.

582 Cabanis. Rapports du physique et du moral de l'homme, avec des notes de Peisse. *Paris*, 1844, 1 vol. in-8, br.

583 Flourens. Phrénologie, 1 vol.— Flourens. Instinct et intelligence des animaux, 1 vol. *Paris*, 1842-1844, 2 vol. in-12, dem.-rel. v.

584 Broussais. Cours de phrénologie, avec figures. *Paris*, 1836, J. B. Baillière, 1 vol. in-8, br.

585 Gaspard Lavater. L'art de connaître les hommes par la physionomie, orné de 600 gravures en taille-douce, dont 82 tirées en couleur. *Paris*, Depelafol, 1835, 10 vol. in-8, br. — Rare.

586 Bruyère. La phrénologie, le geste et la physionomie, démontrés par 120 portraits, sujets et compositions. *Paris*, 1847, 1 vol. in-8, demi-rel., mar., tr. dor.

587 De la Bellière. La physionomie raisonnée, ou secret curieux pour connaître les inclinations de chacun par les règles naturelles. *Paris*, 1664, 1 vol. in-18, rel. bas.

588 H. Nicquetius. Physiognomia humana. *Lugduni*, 1648, 1 vol. in-4, rel. bas.

589 Cardan. La Métroscopie, 13 livres, 800 figures de la face humaine. 1657, petit in-fol., rel. v. — Bel ex. rare.

590 J.-B. Porta. Physiognomonica. 1 vol. in-8, rel. v.

591 Villæ J. Baptistæ Portæ Neapolitani libri XII. *Francofurti*, 1592, 1 vol. in-4, dem.-rel.

592 J.-B. Porta. Physionomie humaine. *Rouen*, 1604, 1 vol. in-8, rel. v.

593 J.-B. Porta. De humana physiognomonia. *Rothomagi*, 1601, 1 vol. in-8, rel. v.

594 Joseph Daquin. La philosophie de la folie, où l'on prouve que cette maladie doit plutôt être traitée par les secours moraux que par les secours physiques. *Chambéry*, 1804, 1 vol. in-8, br.

595 E. Esquirol. Des maladies mentales considérées sous les rapports médical, hygiénique et médico-légal, avec atlas de 27 pl. *Paris*, 1838, 2 vol. in-8, dem.-rel., v. rouge.

MAGIE.

DIVINATION, SORTILÉGES ET CHIROMANCIE.

596 Pierre Lebrun. Histoire critique des pratiques superstitieuses qui ont séduit les peuples et embarrassé les savants. *Paris*, 1750, 4 vol. in-12, rel. bas.

597 Thiers. (L'abbé) Traité des superstitions selon l'Ecriture Sainte, les décrets des conciles et les sentiments des Saints Pères et des théologiens. *Paris*, 1679, 1 vol. in-12, rel. bas.

598 Superstitions et prestiges des philosophes, ou les Démonolâtres du siècle des lumières. *Lyon*, 1817, 1 vol. in-12, br.

599 Le comte de Cabalis, ou Entretiens sur les sciences secrètes et mystérieuses. *Amsterdam*, 1700, 1 vol. in-12, rel. bas.

600 Le comte de Cabalis. Entretiens sur les sciences secrètes, augmentés des génies assistants et des gnomes irréconciliables, par l'abbé de Villars. *Londres*, 1742, 1 vol. in-12, rel., bas. ant.

601 L'abbé Lenglet du Fresnoy. Recueil de dissertations anciennes et nouvelles sur les apparitions, les visions et les songes. *Avignon*, 1752, 2 vol. in-12, rel. — Bel exempl.

602 Lenglet-Dufresnoy. Traité historique et dogmatique sur les apparitions, visions et révélations particulières. 1751, 2 vol. in-12, rel. bas.

603 Naude. Apologie pour les grands hommes soupçonnés de magie. *Amsterdam*, 1712, 1 vol. in-12, rel. bas.

604 De Saint-André, conseiller médecin du roi. De la magie, des maléfices et des sorciers. *Paris*, 1725, 1 vol. in-12, rel. bas.

605 Baconis Epistolæ de secretis operibus artis et naturæ et de nullitate magiæ. 1618, 1 vol. in-12, parch.

606 Indagine. La chiromance et physionomie par le regard des membres de l'homme. *Paris*, 1662, 1 vol. in-18, rel. bas.

607 Lettres philosophiques sur la magie. *Paris*, 1803, 1 vol. in-8, cart.

608 Levinius Lemnius. De miraculis occultis naturæ libri tres et de vita cum animi et corporis incolumitate liber unus. *Cologne*, 1583, 1 vol. in-12, rel. bas.

609 J. B. Porta. Libri IV magiæ naturalis sive de miraculis rerum naturalium. *Antverpiæ*, 1560, 1 vol. in-12, rel. bas.

610 J. B. Porta. Libri viginti magiæ naturalis. *Amstelodami*, 1664, 1 vol. in-18, rel. v.

611 F. Santanello. Philosophiæ reconditæ sive magicæ magneticæ numialis scientiæ explanatio J. P. Burggravii de existencia spirituum nervosorum. *Coloniæ*, 1723, *Francofurti*, 1725, 1 vol. in-4, rel. bas.

612 Balthasar Bekker. Le monde enchanté. *Amsterdam*, 1694, 4 vol. in-12, rel. bas.

613 Réfutation du système de M. Bekker, touchant l'existence et l'opération des démons. *Amsterdam*, 1669, 1 vol. in-18, rel. bas.

614 Petrus Binsfeldius. Tractatus de confessionibus maleficorum et sagarum. 1605, 1 vol. in-18, rel. bas.

615 Jean Belot. Ses œuvres. *Rouen*, 1640, 1 vol. in-12, parch.

616 J. Bodin Angevin. De la Démonomanie des sorciers. *Paris*, 1587, 1 vol. in-4, rel. parch. — Rare.

617 Jean Bona, cardinal. Traité du discernement des esprits. *Paris*, 1675, 1 vol. in-12, rel. bas.

618 Bonifacius. De Maleficiis. 1 vol. in-8, rel. bas.

619 Dom Augustin Calmet. Dissertations sur les apparitions des esprits et sur les vampires. *Einsidlen*, 1749, 2 vol. in-12, rel. bas.

620 Disquisitionum magicarum libri sex, Auctore *Martino del Rio* (S. J.). *Lugduni*, 1622, Phillehotte, 1 vol. in-fol., rel. bas.

621 Boissier. Recueil de lettres au sujet des maléfices et du sortilège servant de réponse aux lettres du sieur de Saint-André, médecin à Coutance. *Paris*, 1731, 1 v. in-12, rel. bas.

622 Dæmonurgia Theologia expensa seu de potestate Dæmonum in rebus humanis deque potestate in dœmones a Christo ecclesiæ relata. Sans nom de ville, 1776, 1 vol. in-4, dem.-rel., bas.

623 Frommann. Tractatus de fascinatione. 1675, 1 vol. in-4, cart.

624 Histoire des vampires et des spectres malfaisants, avec un examen du vampirisme. *Paris*, 1820, 1 vol. in-12, dem.-rel. bas.

625 Malleus. Tractatus maleficiarum. 1669, 2 vol. en 1 in-4, rel. bas.

626 Urbain Grandier, condamné comme magicien, et comme auteur de la possession des religieuses de Loudun. 1 vol. in-12, sans titre, dem.-rel., v.

627 De la Menardaye. Examen et discussion critique de l'histoire des diables de Loudun. *Paris*, 1747, 1 vol. in-12, rel. bas.

628 Pierre Le Loyer. Discours des spectres ou visions et apparitions d'esprits comme anges, démons et âmes se montrant visibles aux hommes, en VIII livres, 2e édition. *Paris*, 1608, 1 v. in-4, rel. bas.

629 Éliphas Lévi. Dogmes et rituel de la haute magie. *Paris*, 1856, 2 vol. in-8 avec figures, br. — Rare.

630 Perreaud. Démonologie ou traité des démons et sorciers, de leur puissance et impuissance. *Genève*, 1653, 1 vol. in-18, rel. bas.

631 Julius Obsequens. De prodigiis. *Amstelodami*, 1679, 1 vol. in-12, rel. bas.

632 M. Philippo. Ludwigi Elich. Demonomagia. *Francoforti*, 1607, Conrad Behrium 1 vol. in-12, parch.

633 Petrus Thyræus Novesiens. De infestis, ob molestantes dæmoniorum et defunctorum hominum spiritus locis liber unus. *Lugduni*, 1599, Pillehotte, 1 vol. in-12, rel. bas.

634 Joannes Uvierus (medicus). De præstigiis Dæmonum, etc., libri V. 1563, 1 vol. in-12, dem.-rel. bas.

635 Polydori Virgilii Urbinatii de rerum inventoribus libri octo. *Lugduni*, 1586, Gryphius, 1 vol. in-18, parch.

636 Marbadæus de lapidibus et Pomponatius de incantationibus. 1556, 2 vol. in-18 en 1, dem.-rel. bas.

637 Artemidori et Achmetis Onciro critiqua. *Lutetiæ*, 1603, 1 vol. in-4, parch.

638 Kenelmus. Theatrum sympatheticum. *Amstelodami*, 1661, 1 vol. in-18, rel. bas.

639 Gaffarel. Curiositez inouyes sur la sculpture talismanique des Persans. — Horoscope des patriarches et lecture des estoilles. 1637, 1 vol. in-12, rel. bas.

640 Chiromantia. Indagine Autore. 1531, 1 vol. in-4, parch.

641 Philippe May. La chiromancie médicinale accompagnée d'un Traité de la physionomie et d'un autre des marques qui paraissent sur les ongles des doigts. *La Haye*, 1665, 1 vol. in-18, parch.

642 J. Pætorius. Thesaurus chiromantiæ. *Oehleri*, 1661, Phipl. Lips. 1 vol. in-4, rel. v.

643 Salerne. La Géométrie et nomancie des anciens, la nomancie cabalistique avec l'heure du berger, mises en françois. *Paris*, 1669, 1 vol. in-18, parch.

644 Craffet. Dissertation sur les oracles des sybilles. *Paris*, 1678, 1 vol. in-12, rel. v.

645 Isaac Vossius. De sybillinis. *Oxoniæ*, 1680, 1 v. in-8, d.-rel. bas.

646 F. Allaeus. Astrologiæ nova methodus. 1654, 1 vol. in-fol., rel. bas.

647 Arcandam doctor., etc. Astronomie et astrologie. 1542, 1 vol. in-12, cart.

648 Michel Nostradamus. Les prophéties, dont il y a trois cents qui n'ont jamais paru. *Lyon*, 1698, 1 vol. in-18, v. f.

649 La clef de Nostradamus, par un solitaire. *Paris*, 1710, 1 vol. in-12, dem.-rel. bas.

650 La concordance des Prophéties de Nostradamus avec l'histoire. *Paris*, 1712, Jacques Morel, 1 vol. in-12, rel., v. f.

651 Baltus. Suite de la réponse à l'histoire des oracles. *Amsterdam*, 1709, 2 vol. in-12, parch.

652 Gaspard Peucer. Les devins ou commentaires des principales sortes de divinations. *Anvers*, 1583, 1 vol. in-4, rel. bas.

653 Lebrun. Lettres qui découvrent l'illusion des philosophes sur la baguette et qui détruisent leurs systèmes. *Paris*, 1693, 1 vol. in-12, rel. bas.

654 Scipion Du Pleix. La métaphysique, ou science surnaturelle. *Lyon*, 1620, 1 vol. in-8, rel. bas., aut.

655 Recueil précieux de la maçonnerie adonhiramite. *Philadelphie*, 1786, 1 vol. in-12, rel. bas.

656 Alexandri ab Alexandro IV, Risperiti neapolitani genialium dierum libri VI. *Parisiis*, 1549, 1 vol. in-12, rel. bas.

657 Hierome Cardanus, médecin milanais. Les livres intitulés de la subtilité et subtiles inventions, ensemble les causes occultes et raisons d'icelles. *Paris*, 1578, 2 vol. in-12, dem.-rel. bas.

658 Fernelli (Joannes). Universa medicina, cum notis, observ. et remediis secretis Heurnii. *Trajecti*, 1656, in-4, 7 liv., rel. bas.

659 Thouvenel (D.-M.) Mémoire physique et médicinal sur les rapports de la baguette divinatoire avec le magnétisme et l'électricité. *Londres* et *Paris*, 1781, 1 vol. in-8, dem.-rel. bas.

660 François Menestrier. La philosophie des images énigmatiques, où il est traité des énigmes hiéroglyphiques, oracles, prophéties, etc. *Lyon*, 1604, 1 vol. in-12, rel. bas.

661 L'an 2440 (rêve s'il en fut jamais) suivi de l'Homme de fer (songe), avec fig. 1786, in-8, br.

662 Raisonnements de la Mesnardière, conseiller et médecin de son altesse royale sur la nature des esprits qui servent aux sentiments. *Paris*, 1 vol. in-18, 1636, parch.

BELLES-LETTRES.

LITTÉRATURE, POÉSIE.

663 Stephanius. Libri XVI Saxonii grammatici historiæ Danicæ. 1694, reg. acad. Hafn. bibliop. 1 vol. in-4, bas.

664 Rolland. De la manière d'enseigner et d'étudier les belles-lettres. *Paris*, 1736, 4 vol. in-12, rel. bas.

665 Dictionnaire de l'Académie française, 6e édition, publiée en 1835. *Paris*, Didot frères, 2 vol. in-4, rel. bas.

666 C.-M. Gatel. Dictionnaire universel de la langue française. *Lyon*, 1827, 2 vol. in-8, rel. bas.

667 Ch.-P. Girault Duvivier. Grammaire des grammaires, 14e édit. *Paris*, 1851, 2 vol. in-8, dem.-rel. bas.

668 Hermès ou recherches philosophiques sur la grammaire universelle, avec des additions par François Thurot. *Paris*, an IV, 1 vol. in-8, rel. bas., fil.

669 Court de Gebelin. Grammaire universelle et comparative, avec fig. en taille douce. *Paris*, 1774. 1 vol. in-4. dem.-rel., bas.

670 Traité de la formation méchanique des langues et des principes physiques de l'étymologie. *Paris*, 1765, 2 in-12, rel. bas.

671 Robert. Lettres sur l'histoire philosophique des langues. *Paris-Lyon*, 1820, 1 vol. in-12, cart.

672 Essai synthétique sur l'origine et la formation des langues. *Paris*, 1774, 1 vol. in-8, rel. fil. d'or.

673 Du Marsais et Batteux. Des tropes ou des différents sens dans lesquels on peut prendre un même mot dans une même langue. *Lyon*, 1815, 1 vol. in-12, rel. bas.

674 Girard. Synonymes français, leurs différentes significations et le choix qu'il en faut faire pour parler avec justesse. *Amst.* 1770, 1 vol in-12, rel. bas.

675 Ménage. Observations sur la langue française, 2e édit. *Paris*, 1675, 2 vol. in-12, rel. bas.

676 Vaugelas. Remarques sur la langue française, avec des notes de MM. Patru et T. Corneille. *Paris*, 1738, 3 vol. in-12, rel. bas.

677 Schwab. Dissertation sur les causes de l'universalité de la langue française et la durée vraisemblable de son empire. *Paris*, 1803, 1 vol. in-fol. dem.-rel. bas.

678 L'ordenne de chevalerie, avec une dissertation sur l'origine de la langue française, etc. *Paris*, 1759, 1 vol. in-12, rel. bas.

679 Fontainier. La clé des étymologies pour toutes les langues en général, et pour la langue française en particulier. *Paris*, 1825, 1 vol. in-12, rel. bas., fil. d'or.

680 Vitré. Nouvelle méthode pour apprendre la langue latine. 1667, 1 vol. in-8, bas.

681 Quicherat. Vocabulaire latin-français. *Paris*, *Hachette*, 1 vol. gr. in-8. br.

682 Aristote. La rhétorique traduite en français, par M. Cassandre. *Amst.* 1698, 1 vol. in-12, rel. bas.

683 Du Marsais. Logique et principes de grammaire. *Paris*, 1749, 1 vol. in-8, rel. bas.

684 Bernard Lamy. La Rhétorique ou l'art de bien parler. *Paris*, 1761, 1 vol. in-12, rel. bas.

685 Ph. Gudin. Essais. *Paris*, 1789 et 1791, 1 vol. in-8, rel. bas.

686 Larivé. Cours de déclamation divisé en douze séances. *Paris*, 1804, 1 vol. in-8, dem.-rel. bas.

687 L'abbé Sicard. Théorie des signes pour servir d'introduction à l'étude des langues. *Paris*, 1818, 2 vol. in-8, dem.-rel. bas.

688 P. Dominicus de Colonia. Libri quinque de arte rhetorica. *Lugd.* 1700, 1 vol. in-12, rel. bas.

689 R. A. Sicard. Cours d'instruction d'un sourd-muet de naissance, avec figures et tableaux. *Paris*, 1803, 1 vol. in-8, dem.-rel. d. bas.

690 Lefèvre-Deumier. Etudes biographiques et littéraires sur quelques célébrités étrangères. *Paris*, 1854, 1 vol. in-12, broch.

691 Servatius Gallæius. Lucii Cœlii Lactantii Firmiani Opera. *Lugd. Batav.*, 1660, 1 vol in-8, rel. bas.

692 L. Aimé Martin. Plan d'une bibliothèque universelle, étude des livres qui peuvent servir à l'histoire philosophique et littéraire du genre humain. *Paris*, 1837, 1 vol. in-8, dem.-rel.

693 Joachimi Fortii Ringelbergui Opera. *Lugd.* 1531, 1 vol. in-12, rel. veau.

694 Hermanius Hugo. De prima scribendi origine et universa rei litterariæ antiquitate. 1788, 1 vol. in-8, rel. veau, fil. d'or.

695 Œuvres de Jacques-Henri Bernardin de Saint-Pierre, mises en ordre par Louis Martin. *Paris*, 1833, 2 vol. gr. in-8, orné du portrait de l'auteur, rel. bas. fil. or.

696 Œuvres de J.-J. Rousseau, citoyen de Genève, nouv. édit. ornée de 20 grav. *Paris*, 1817, 20 vol. in-8. dem.-rel., dos bas.

697 Fénelon. Dialogues sur l'éloquence en général et sur celle de la chaire en particulier. *Paris*, 1774, 1 vol. in-12, rel. bas.

698 B. Pascal. Lettres provinciales et Pensées. *Paris*, 1821, 2 vol. in-8, fil. tr. dor., rel. — Bel ex.

699 Bernardin de Saint-Pierre, contenant Paul et Virginie, la Chaumière indienne. *Paris*, 1856, 1 vol. in-12, br.

700 Le Sage. Histoire de Gil Blas de Santillane, édit. collationnée sur celle de 1747. *Paris*, 1820. *Lefèvre*, 3 vol. in-8, rel, bas. fil. d'or.

701 Apologie des Lettres provinciales de L. D. Montalte contre la der-

nière réponse des Pères Jésuites, intitulée Entretiens de Cleandre et d'Eudoxe. *Rouen*, 1798, 2 vol. in-12, rel. bas.

702 M. de La Harpe. Recueil d'éloges : Charles V, 1767; Fénelon, 1771; Racine, 1772; La Fontaine, 1774; Catinat, 1775; Henri IV, 1780. 1 vol. in-8, rel. bas.

703 Cormenin. Entretiens du village, édit. illustrée de 40 grav. *Paris*, 1847, dem.-rel. bas.

704 Poggiana, ou la Vie, le caractère, les sentences et les bons mots de Pogge, Florentin, avec son histoire de la République de Florence. *Amsterdam*, 1720, 2 vol. in-12. rel. bas.

705 Œuvres de Vergier. *Lausanne*, 1752, 2 vol. in-18, rel. bas.

706 Œuvres de l'abbé Fleury. *Paris*, 1844, *Lefèvre*, 2 vol. in-12, broché.

707 Perroniana et Thuana, editio tertia. *Coloniæ Agrippinæ*, 1691, 1 vol. in-12, rel. bas.

708 Molière. Œuvres, avec observations de Bret. *Paris*, 1788, 6 vol. in-8, rel. bas.

709 N. Machiavel. Œuvres complètes avec Notice biographique de J.-A.-C. Bucher. *Paris*, 1837, 2 vol. in-8, dem.-rel., bas.

710 Lamartine. Œuvres complètes. *Paris*, 1845, *Gosselin*, 8 vol. in-12, br.

711 La Fontaine. Œuvres complètes. *Paris*, 1804, 5 vol. in-12, rel. bas., fil. dor.

712 Fontenelle. Œuvres diverses. *Amsterdam*, 1742, 4 vol. in-12, rel. bas.

713 Ducis. Œuvres et œuvres posthumes. *Paris*, 1827, 6 vol. in-18, dem.-rel. bas.

714 Œuvres complètes de Delille, avec les notes d'Aimé Martin, 5e édition, avec un portrait de l'auteur. *Paris*, 1837, *Didot frères*, 1 vol. gr. in-8, dem.-rel. bas.

715 Contes et Nouvelles de Bocace, Florentin, traduction libre et accommodée au goût de ce temps, 2e édit. avec fig. gravées par les meilleurs maîtres. *Cologne*, 1702, 2 vol. in-12, rel. bas.

716 Les cent Nouvelles nouvelles, suivent les cent Nouvelles contenant les cent Histoires nouveaux, etc. *Cologne*, 1701, 2 vol. in-12, fig., rel. veau. — Bel ex.

717 Bonaventure Des Periers, avec des notes et un travail littéraire par Charles Nodier. Les Contes ou Nouvelles récréations et joyeux devis. *Paris*, 1841, 1 vol. in-12, dem.-rel. bas.

718 L'abbé Prévost. Histoire du chevalier des Grieux et de Manon Lescaut. *Paris*, 1829, 1 vol. in-8, dem.-rel. bas.

719 Marmontel. Les Incas ou la Destruction de l'empire du Pérou. *Paris*, 1834, 1 vol. in-8, dem.-rel. veau rouge.

720 Marmontel de l'Académie française. Bélisaire. *Paris*, 1810, 1 vol. in-18, avec fig., rel. bas., fil. d'or.

721 Marivaux. La vie de Marianne, ou les Aventures de Madame la comtesse de ***. *Paris*, 1826, 3 vol. in-24, dem.-rel. bas.

722 Mme de Krüdner. Valérie, nouvelle édition, avec une préface de M. de Sainte-Beuve. *Paris*, 1840, *Charpentier*, 1 vol. in-12, dem.-rel. bas.

723 Œuvres complètes de Richard Brinsley Shéridan, traduction nouvelle, par Benjamin Laroche. *Paris*, 1841, 1 vol. in-12, dem.-rel. bas.

724 Eugène Sue. Les Mystères de Paris. *Paris*, 1845, 1 vol. in-18, br.

725 Victor Hugo. Le dernier jour d'un condamné, précédé de Bug Jargal. *Paris*, 1841, 1 vol. in-12, dem.-rel. bas.

726 Théâtre de Beaumarchais, précédé d'une notice sur sa vie et ses ouvrages. 1841, 1 vol. in-12, orné du portrait de l'auteur, dem.-rel. bas.

727 Œuvres de Clément Marot. *Paris*, 1731, 6 vol. in-8, rel. bas.

728 Demoustier. Lettres à Emilie sur la Mythologie. *Paris*, 1842, 1 vol. in-12, dem.-rel. mar.

729 La Harpe. Lycée, ou Cours de littérature ancienne et moderne, avec des notes. *Paris*, 1834, Lefèvre, 2 gr. vol. in-8, dem.-rel. v.

730 H. Grégoire, ancien évêque de Blois. De la littérature des nègres, *Paris*, 1808, 1 vol. in-8, dem.-rel., bas.

731 R. Tourlet. Œuvres complètes de l'empereur Julien, traduites pour la première fois du grec en français, accompagnées d'arguments et de notes. *Paris*, 1821, 3 vol. in-8, dem.-rel. bas.

732 M. de Florian. Numa Pompilius, second roi de Rome. *Paris*, Didot aîné. 1786, 1 vol. in-8, rel. v. f., tr. dor.

733 Nouvelles, de M. de Florian, 3e édit. *Paris*, Didot, 1 vol. in-8, rel., fil. dor.

734 Le prince Lebrun. La Jérusalem délivrée. *Paris*, 1836, 1 vol. in-8, dem.-rel. bas.

735 Hugo. Notre-Dame de Paris. *Paris*, Charpentier, 1845, 2 vol. in-12, br.

736 Corinne, ou l'Italie, par Mme de Staël, augmentée d'une préface par Mme Neker Saussure, 1 vol. in-12, *Paris*, 1840, dem.-rel. bas.

737 P. Corneille. Œuvres complètes, suivies des Œuvres choisies de Th. Corneille, avec les notes de tous les commentateurs. *Paris*, 1838, 4 vol. in-8, dem.-rel. bas.

738 Victor Hugo. Théâtre. *Paris*, 1847, Charpentier, 4 vol. in-12, dem.-rel. v.

739 De Senoncourt. Obermann, avec une préface par G. Sand. *Paris*, Charpentier, 1840, 1 vol. in-12, dem.-rel. bas.

740 A. de Lamartine. Raphaël, pages de la vingtième année. *Paris*, 1849, in-8, br.

741 A. de Lamartine. Les Confidences. *Paris*, Perrotin, 1849, 1 vol. in-8, br.

742 Goldsmith et Sterne. Œuvres choisies. Le Vicaire de Wakefield, trad. par Ch. Nodier. *Paris*, 1841, 1 vol. in-12, dem.-rel.

743 Œuvres de Florian. Gonzalve de Cordoue. *Paris*, 1805, 2 vol. in-8, rel. bas.

744 Saintine. Picciola. *Paris*, Charpentier, 1845, 1 vol. in-12, br.

745 Chateaubriand. Essai sur la littérature anglaise, et considérations sur le génie des hommes, du temps et des révolutions. *Paris*, 1836, 2 vol. in-12, br.

746 Dubos. Réflexions critiques sur la Poésie et sur la Peinture, 7e édition. *Paris*, 1770, 3 vol. in-12, rel. bas.

747 Erasme. Eloge de la Folie. *Amsterdam*, 1728, 1 vol. in-12, v., fil. et tr. or.

748 Chefs-d'œuvre oratoires de Bourdaloue, *Paris*, Lefèvre, 1845, 1 vol. in-12, dem.-rel. v.

749 Louis Montalte. Les Provinciales, traduit en français par Joncourt. *Cologne*, 1739, 4 vol. in-12, rel. bas.

750 Réponse aux Lettres Provinciales de L. de Montalte, ou Entretiens de Cléandre et d'Eudoxe. *Bruxelles*, 1697, 1 vol. in-12, rel. bas.

751 Ludovicus Montalte. Litteræ provinciales. *Coloniæ*, 1660, 1 vol. in-12, rel. bas.

752 Le Conservateur, ou recueil de morceaux inédits d'histoire, de politique, de littérature et de philosophie. *Paris*, an VIII, 2 vol. in-8, rel. bas., fil. d'or.

753 Sr de Balzac. Lettres choisies. *Leiden*, 1652, 1 vol. in-24, tr. et fil. or.

754 Menche de Loisne. Influence de la littérature française de 1830 à 1850 sur l'esprit public et les mœurs. *Paris*, 1852, 1 v. in-8, br.

755 Marci-Antonii de vita sua libri XII græce et latine. *Lugduni*, 1626, 1 vol. in-8, parch.

756 Sterne. Vie et opinion de Tristram Shandy, traduit par Léon de Wailly. *Paris*, 1812, 1 vol. in-12, dem.-rel. bas.

757 De Castres. Les trois siècles de la littérature française, ou tableau de l'esprit de nos écrivains, depuis François Ier jusqu'à nos jours, par ordre alphabétique. *La Haye*, 1778, 4 vol. in-12, v. ant.

758 Guy-Patin. Lettres choisies. *Paris*, 1692, 2 vol. in-12, rel. bas.

759 Thomas. Œuvres complètes. *Paris*, 1819, rel. bas., fil. d'or.

760 Dinouart. Santoliana, ouvrage qui contient la vie de Santeuil, ses bons mots, ses démêlés avec les Jésuites, ses lettres, ses inscriptions et l'analyse de ses ouvrages. *Paris*, 1764, 1 vol. in-12, dem.-rel., v. f.

761 Dacier. La vie de Pythagore, ses symboles, ses vers dorez et la vie d'Hiéroclès. *Paris*, 1706, 2 vol. in-12, rel. bas.

762 Mémoires littéraires, par S. D. L. R. G. *La Haye*, 1710, 2 vol. in-12, rel. bas.

763 Vie privée du maréchal de Richelieu, contenant ses amours et ses intrigues. *Paris*, 1791, 3 vol. in-8, br.

764 Vie de Michel de L'Hôpital, chancelier de France. *Londres*, 1764, 1 vol. in-12, rel. bas.

765 Duchesne. Notice historique sur la vie et les ouvrages de J.-B. Porta, gentilhomme napolitain. *Paris*, an IX (1800), 1 vol. in-8, rel. bas.

766 Taschereau. Histoire de la vie et des ouvrages de Molière. *Paris*, 1844, br.

767 Châteaubriand illustré, œuvres complètes. *Paris*, 1853, 7 vol. in-4, br.

768 Nicolas Boileau. Œuvres nouvelles, édit. enrichie de fig. par Bernard Picard. *La Haye*, 1727, 2 vol. in-fol. rel. v. f., tr. dor. Bel ex.

769 Alex. Manzoni. Les fiancés, histoire milanaise du XVIIe siècle. *Paris*, Charpentier, 1841, 1 vol. in-12, br.

770 Le Tourneur. Les nuits d'Young, suivies des Tombeaux d'Hervey, précédées d'un essai sur le Jobisme, par P. Christian, *Paris*, 1842, 1 vol. in-12, dem.-rel. v.

771 Hallam. Histoire de la littérature d'Europe, pendant les XVe, XVIe et XVIIe siècles, par de Hyot Borchers. *Paris*, Ladermie, 1839, 4 vol. in-8, br.

772 Collombat. Histoire civile et religieuse des lettres latines aux IVe et Ve siècles. *Paris*, 1839, 1 vol. in-8, br.

773 Suétone. Les Douze Césars, traduit du latin avec des notes et des réflexions par M. de la Harpe. *Paris*, 1805, 2 vol. in-8, rel. fil., tr. dor. — Bel ex.

774 Herder. Histoire de la poésie des Hébreux, traduite de l'allemand par Mme de Carlowitz. *Paris*, 1846, 1 vol. in-12, br.

775 Cardinal de Bausset. Histoire de Fénelon, archevêque de Cambrai, 4e édit. *Paris*, 1823. 4 vol. in-12, rel. bas.

776 Grégoire, ancien évêque de Blois. Ses Mémoires, précédés d'une Notice historique sur l'auteur, par H. Carnot. *Paris*, 1840. 2 vol. in-8, br.

777 Burigny. Vie de Grotius, avec l'histoire de ses ouvrages et des négociations auxquelles il fut employé. *Amsterdam*, 1754, 2 vol in-12, rel. bas.

778 L'abbé Richard. Histoire du P. Joseph Lecler du Tremblay, capucin, instituteur de la Congrégation des Filles-du-Calvaire. *Paris*, 1702, 2 vol. in-12, rel. bas.

779 Traité des connaissances humaines. *Paris*, 1791, in-8, rel. bas.

780 P. Abeylardi et Heloissæ epistolæ. *Londini*, 1718, 1 vol. in-8, rel. bas.

781 Les Psaumes, traduits en vers par les meilleurs poètes français, avec les principaux cantiques. *Paris*, 1751, 1 vol. in-18, rel. v. ant.

782 Lawth. Leçons sur la poésie sacrée des Hébreux. *Lyon*, 1812, 2 vol. in-8, rel. bas.

783 Theodori Bezæ Vezelii poemata. *Lugd. Batavor.*, 1757, 1 vol. in-18, rel. bas. tr. or.

784 Daniel. Heinsius. Poemata. *Lugd. Batavorum*, 1640. 1 vol. in-18, rel. bas.

785 Sarcotis et Caroli imp. panegyris carmina, cum de heroïcâ

poesi tractatus, autore Maximi et Lamentationum Jeremiæ paraphrasis auctore Grenan. *Londini et Parisiis*, 1771, Barbou, 1 vol in-12, veau, fil. tr. or.

786 André Chénier. Poésies, précédées d'une notice par H. D. La Touche, orné d'un beau portrait d'André Chénier. *Paris*, 1841, Charpentier, 1 vol. in-12, dem.-rel. bas.

787 Ossian, barde du IIIe siècle. Poèmes gaëliques recueillis par James Mac-Pherson, traduction revue sur la dernière édit. anglaise. *Paris*, 1842, 1 vol. in-8, dem.-rel. bas.

788 Poésies de Malherbe, rédigées par ordre chronologique. *Paris*, 1757, 1 vol. in-8, rel. veau, fil. d'or.

789 Millevoye. Poésies avec une notice de M. de Pongerville. *Paris*, 1843, Charpentier, 1 vol. in-12, br.

790 Camoëns. Les Lusiades ou les Portugais, poème en dix chants. *Paris*, 1841, Charpentier, 1 vol. in-12, br.

791 De Polignac. L'anti-Lucrèce, poème, sur la religion naturelle. *Paris*, 1749, 2 vol. in-8, rel. en un, rel. bas.

792 Reyrac. Œuvres contenant l'Hymne au soleil, des Variétés littéraires sur les beautés de la nature, et des Poésies diverses. *Paris*, l'an VIII de la République, 1 vol. in-8, rel. bas.

793 S. Barclaii satyricon. *Lugdunum Batavorum*, 1674, 1 vol. in-8, rel. bas.

794 Sainte-Beuve. Volupté. *Paris*, 1841, Charpentier, 1 vol. in-12, br.

795 Sainte-Beuve. Poésies de Mme Desbordes-Valmore. *Paris*, 1845, 1 vol. in-12, br.

796 Voltaire. La Henriade. *Paris*, 1819, *Renouard*, 1 vol. in-8, fig, rel. bas.

767 L'Arioste. Satires, traduites en français avec le texte en regard, précédées d'un aperçu de l'auteur, et accompagnées de notes explicatives. *Lyon*, 1826, 1 vol. in-8, dem.-rel. bas.

798 Dubocage. La Colombiade, ou la Foi portée au Nouveau-Monde, poème. *Paris*, 1756, 1 vol. in-8, rel. bas.

799 Chapelain. La Pucelle ou la France délivrée, poème héroïque. *Leyde*, 1656, 1 vol. in-18, rel. bas.

800 Shakspeare. Œuvres complètes, traduites par Berquin et Laroche, gravures dans le texte. *Paris*, 1842, Gosselin, 1 vol. in-12, dem.-rel. bas.

801 Bossu. Traité du Poëme épique. *Amst.*, 1693, in-12, rel. bas.

802 Milton. Paradis perdu, traduction nouvelle, précédée d'une étude historique. *Paris*, 1841, 1 vol. in-12, dem.-rel., bas.

803 Guizot. Etudes littéraires sur Shakspeare et son temps. 1852, Didier, 1 vol. in-8, br.

804 Thompson. Les Saisons, poëme traduit de l'anglais. *Londres*, 1779, 1 vol. in-24, rel., mar., fil. d'or.

805 Henri Blaze. Le Faust, de Goëthe, traduction complète. *Paris*, 1840, 1 vol. in-12, dem.-rel. bas.

806 Brizeux. La Divine Comédie, de Dante Alighieri, avec une notice et des notes par le même. *Paris*, Charpentier, 1841, 1 vol. in-12, dem.-rel. bas.

807 Sainte-Beuve. Œuvres de Souza. *Paris*, Charpentier, 1840, 1 vol. in-12, rel. bas.

808 E. Scribe. Œuvres choisies. *Paris*, 1845, 5 vol. in-12, br.

809 Catulle. Les noces de Tétis et de Pélée, traduit en français par Ginguené. *Paris*, 1812, 1 vol. in-18, rel. bas., fil. d'or.

810 Aulius Gellius. Noctes atticæ cum notis. Gronovius. *Lugd. Batav.*, 1687, 1 vol. in-8, rel. bas.

811 Danielis Heinsii Herodes infanticida (Tragedia). *Lugd.-Batav.*, 1732, Elzeviriana, 1 vol. in-12, parch.

812 Alexis Pierron. Théâtre d'Eschyle. *Paris*, Charpentier, 1841, 1 vol. in-12, dem.-rel. bas.

813 Les Tragédies de Sophocle, traduction française par Artaud. 1841, Charpentier, 1 vol. in-12, dem.-rel. bas.

814 Les Tragédies d'Euripide, traduction française par Artaud. *Paris*, Charpentier, 1842, 1 vol. in-12, dem.-rel. bas.

815 Berchoux. La Danse, ou les dieux de l'opéra. *Paris*, 1806, 1 vol. in-12, br.

816 Chefs-d'œuvre des Tragiques français. 1843, Didot, 2 vol. in-12, dem.-rel. mar.

817 Casimir Delavigne. Théâtre et Messéniennes. *Paris*, 1840, 4 vol. in-12, dem.-rel. bas.

818 Alexandre Dumas. Théâtre complet. *Paris*, 1843, 3 vol. in-12, dem.-rel. v.

819 Théâtre de Goëthe, traduction de X. Marmier. 1839, Charpentier, 1 vol. in-12, dem.-rel. bas.

820 Théâtre de Voltaire. *Paris*, Renouard, 1819, 7 vol. in-8, fig., br.

821 Artaud. Comédies d'Aristophane, 2e édit. *Paris*, Lefèvre, 1841, 3 vol. in-12, dem.-rel. bas.

822 Œuvres de Regnard. *Paris*, 1750, 4 vol. in-8, rel. bas.

823 J. Racine. Œuvres complètes, avec les commentaires de M. de La Harpe, et augmentées de plusieurs morceaux inédits ou peu connus. *Paris*, 1807, 7 vol. in-8, rel. bas.

824 J.-B. Santolii Victorini, poetarum hujus seculi principis, Opera poetica. *Parisiis*, 1695, 1 vol. in-12, rel. bas.

825 Œuvres de Crébillon, avec les notes de tous les commentateurs, édition publiée par Pareille, ex-professeur à l'École Polytechnique. *Paris*, Lefèvre, 1828, 2 vol. in-8, br.

CLASSIQUES.

826 Publius Terentius Comediæ sex. *Lugd.-Batav.*, 1751, 1 vol. in-8, bas.

827 Cicéron. Les Livres de la Vieillesse, de l'Amitié, etc. *Avignon*, 1814, 1 vol. in-12, rel. bas.

828 Lucrèce, traduction nouvelle avec des notes. *Paris*, Bleuf, 1768, 2 vol. gr. in-8, avec fig., dem.-rel., v. vert.

829 Cicéron. Les Offices, traduit en français avec le latin revu sur les textes les plus corrects, par M. de Barrett. *Paris*, 1809, 1 vol. in-12, rel. bas.

830 Cicéron. Les deux livres de la Divination, traduits en français avec le texte latin, suivis du Traité de la Consolation, par Morabin. *Paris*, an III de la République, 1 vol. in-12, dem.-rel. bas.

831 Cicéron. Traduction du Traité de l'orateur, avec des notes. *Paris*, 1768, 1 vol. in-12, dem.-rel. bas.

832 Cicéron. Oraisons choisies, traduction avec des notes, revue par M. de Wailly, le latin conforme à l'édition de M. Lallemand. *Paris*, 1808, 4 vol. in-12, rel. bas. — Joli ex.

833 Cicéron. Tusculanes, traduction de MM. Bouhier et d'Olivet. *Amsterdam*, 1739, 3 vol. in-12, rel. bas.

834 Junii Juvenalis et Auli Persii Flacci Satyræ. *Lugd.-Batavorum*, Hackius, 1758, 1 vol. in-8, rel. bas.

835 Annæus Lucanus de bello civili. *Lugd.-Batav.*, 1658, 1 vol. in 8, rel. bas.

836 Q. Horatius Flaccus. *Lugd. Batavorum*, 1670, 1 vol. in-8, rel veau, fil.

837 Lucretius. De rerum natura, libri sex. *Parisiis*, 1680, 1 vol. in-4, rel. bas.

838 Valer Martialis Epigrammata. *Lugd. Batavorum*, 1661, Hackius, 1 vol. in-12, rel. bas.

839 Ovidi Nasonis Opera omnia in tres tomos divisa ex accuratissima recensione Nicol. Heinsii. *Lugd. Batav.*, 1662, Leffen, 3 vol. in 8, rel. bas.

840 De Saintange. Les Métamorphoses d'Ovide, traduites en vers avec des remarques, 3e édition. *Paris*, 1808, 4 vol. in-12, br.

841 Petronii Arbitri satyricon, etc. 1654, 1 vol. in-12, rel. bas.

842 Plautus. Comediæ. *Amsterdami*, 1619, 1 vol. in-18, parch.

843 Crispi Salusti opera omnia. *Lugd. Batavorum*, 1677, Hackius, 1 vol. in-8, rel. bas.

844 Senecæ Tragediæ. *Lugd. Batavorum*, 1651, Mayordin, 1 vol. in-8, rel. bas.

845 Senecæ tragediæ cum notis Farnabii. *Amstelodami*, 1656, 1 vol. in-18, rel. bas.

846 M. S. Amar. Bibliothèque latine-française, publiée par Panckoucke. Comédies de Térence. *Paris*, 1830, Panckoucke, 3 vol in-8, br.

847 Virgilii Maronis opera omnia. 1666, ex officina Hackiania. 1 vol. in-8, rel. veau, fil. or.

848 Virgilii Maronis opera. Interpretatione et notis illustravit Carolus Rueus, soc. Jes., secunda editio. *Paris*, 1682, 1 vol. in-4, rel. bas.

849 Virgile. L'Énéide, traduction de Pongerville. Bucoliques et Géorgiques, traduction de Ferd. Collet. *Paris*, 1850, 2 vol. in-18, br.

450 Recentiores poetæ latini et græci selecti quinque cura Josephi Oliveti. *Lugd. Batav.*, 1743, 1 vol. in-8, rel. bas.

851 Brunel. Parnasse latin moderne, ou Choix des meilleurs morceaux des poètes latins. *Lyon*, 1808, 2 vol. in-12, rel. bas.

852 Collection des classiques de Nizard. Tacite. *Paris*, 1840, 1 vol in-8, dem.-rel. v.

853 Macrobe et Varron. Œuvres. (Nizard). *Paris*, 1845, 1 vol. gr. in-8, dem.-rel. veau.

854 Pline. Œuvres. (Nizard). *Paris*, 1850, 2 vol. gr. in-8, dem.-rel. v.

855 Salluste, Jules César, Velleius Paterculus et Florus. (Nizard). *Paris*, 1837, 1 vol. gr. in-8, dem.-rel. veau.

856 Caton, Varron, Columelle, Palladius, agronomes latins. (Nizard). *Paris*, 1844, 1 vol. gr. in-8, dem.-rel. veau.

857 Plaute, Térence, et Sénèque le Tragique. (Nizard.) *Paris*, 1844, 1 vol. gr. in-8, dem.-rel. veau.

858 Pétrone, Apulée, Aulu-Gelle. Œuvres. (Nizard). *Paris*, 1843, 1 vol. in-8, dem.-rel. v.

859 Senèque le Philosophe. Œuvres. (Nizard). *Paris*, 1838, 1 vol. in-8, dem.-rel. veau.

860 Horace, Juvénal, Perse, Sulpicia, Turnus, Catulle, Properce, Gallus, Manimien, Tibulle, Phèdre, Syrus. (Nizard). *Paris*, 1839, 1 vol. in-8, dem.-rel. veau.

861 Quintillien et Pline le Jeune. Œuvres. (Nizard). *Paris*, 1844, 1 vol. in-8, dem.-rel. veau.

862 Tite-Live. Œuvres. *Paris*, 1839, 2 vol. gr. in-8, dem.-rel. veau.

863 Ammien Marcelin, Jornandès, Frontin, Végèce, Modestus. (Nizard). *Paris*, 1849, 1 vol. in-8, dem.-rel. veau.

864 Celse, Vitruve. Œuvres. (Nizard). *Paris*, 1846, 1 vol. in-8, dem.-rel. veau.

865 Odes d'Anacréon, édition polyglotte, sous la direction de J.-B. Monfalcon. *Paris*, *Lyon*, 1835, 1 vol. pet. in-8, dem.-rel. mar. rouge.

866 Œuvres de Virgile, édition polyglote, sous la direction de J.-B. Monfalcon. *Paris*, *Lyon*, 1838, 1 vol. in-8, dem.-rel. mar. — Rare.

867 Œuvres complètes d'Horace, édition polyglotte, sous la direction de J.-B. Monfalcon. *Paris*, *Lyon*, 1834, 1 vol. gr. in-8, dem.-rel. mar. rouge.

868 Démosthène et Eschine. Œuvres complètes, traduites par J.-F. Stievenart. *Paris*, 1842, 1 vol. in-8, rel. bas.

869 Geoffroi. Idylles de Théocrite, accompagnées du texte grec. *Paris*, 1823, 1 vol. in-12, br.

870 Dugas-Montbel. Homère, traduit en français. *Paris*, 1834, 2 vol. in-8, dem.-rel. v. — Joli ex.

871 Vauvenargues. Œuvres complètes et Œuvres posthumes. *Paris*, 1823, 3 vol. in-18, dem.-rel. bas.

872 Montesquieu. Œuvres avec éloges, analyses, commentaires. *Paris*, 1827, 8 vol. in-8, dem.-rel. veau.

873 Plutarque. Œuvres complètes, traduites du grec par Amyot. *Paris*, 1784, 18 vol. in-4, rel. v. fil., tr. d'or, belles marges. Bel ex.

874 Fénelon. Aventures de Télémaque, fils d'Ulysse. *Paris*, 1755, 2 vol. in-12, avec grav., rel. bas.

875 Les romans grecs, traductions françaises par Amyot (Derme, Barry et Alban). Charpentier, 1841, 1 vol. in-12, dem.-rel. bas.

876 Œuvres d'Ausonne, traduites en français. 4 vol. in-12. *Paris*, 1769. 4 vol. in-12, rel. bas.

877 Lucien. Dialogues satiriques philosophiques et divers petits traités, par Belin de Balle. *Paris*, 1841, 1 vol. in-12, dem.-rel. bas.

878 Giraud. Fontaniei fabulæ selectæ in latinum conversæ. *Rothomagi*, 1775, 2 vol. in-8, rel. bas.

879 Desbillons. Fabulæ Æsopiæ, etc. *Parisiis*, Barbou, 1769, 1 vol. in-12, v. fil. tr. or.

880 Erasmi Roterodami colloquia. *Lugd.-Batavorum*, 1729, 1 vol. in-8, rel. bas.

881 J.-A.-C. Buchon. Œuvres complètes de Thucydide, Xenophon, avec notes biographiques. *Paris*, 1836, 1 vol. in-4, dem.-rel.

LANGUES ÉTRANGÈRES

ANGLAIS, ITALIEN, ESPAGNOL.

882 The holy Bible containny the old and Neuw Testament. *London*, 1839, for the Britishan foreign Bible society, 1 vol. in-8, rel. v. f. gauff. — Bel ex.

883 William Dodd. Sermons to Young Mon, second edition. *Londres*, 1772, 3 vol. in-12, rel.

884 William Enfield. Sermons for the use of families. *London*, 1769, 1 vol. in-12, rel.

885 From the German of CC. Strerm Reflections on the Works of God. *London*, 1847, 1 vol. in-18, rel.

886 William Blackstone kut commentariés onthe laws of England. *Londres*, 1813, 4 vol. in-12, dem.-rel. bas.

887 Algernon Sydney. Discourses concerning governement. *Edinburgh*, 1750, rel. bas.

888 Dugald Stewart. Elements of the philosophy of the human mind. *Cambridge*, 1829, 2 vol. in-8, cart.

889 Adam Fergusson. Principles of moral and political science. *Edinburgh*, 1792,2 vol. in-4, dem.-rel. mout.-mar.

890 James Hervey. Meditations and contemplations. *London*, 1787, 1 vol. in-12, dem.-rel. v. f.

891 Jonhn Lock an essay concerning human undertanding. *Londres*, 1856, 1 vol. in-8, rel. toile.

892 William Paley. The principles of moral and political philosophy. *Londres*, 1786, dem.-rel. 1 vol. in-4, d. bas.

893 Adam Smith. Inquiry in to the nature and causes of the wealth of nations. *London*, 1811, 3 vol. in-8, cart.

894 Moral an political Dialogues Betiveen divers eminent persons of the Post and Present age, second edition. *London*. 1760, 1 vol. in-8, rel. bas.

895 Fisher's Drawing Room Serap Book. *London*, 1840, 1 vol. in-4.

896 Hobart Caunter. The oriental annual or scenes in India. *London*, 1838, 1 vol. in-8, avec grav. sur acier. rel. bas.

897 Johnson's Dictionary complete in one volume. *Paris*, A S. W. Galignani, 1829, 1 vol. in-4, br.

898 John Walker. A critical pronoucing dictionary and expositor of the English language. *London*, sans date, 1 vol. in-8, rel. toile.

899 Boyer. Dictionnaire français-anglais et anglais-français. *Paris*, 1821, 2 vol. in-8, dem.-rel. bas.

900 Hugh Blair. Lectures ou rhetoric and belles lettres. *Londres*, 1824, 1 vol. in-8.

901 Étude de la poésie anglaise, précédée d'un traité de prosodie par A. Spiers. *Paris*, 1836, 1 vol. in-12, dem.-rel., bas.

902 The arabian Night's entertainment. *Halifax*, 1839, 1 vol. in-18.

903 Harriet Beecher Stowe Uncle' Tom's cabin à Tale ar the life amony the Lowly. *London*, 1852, 1 vol. in-12, rel. toile.

904 Bulwer. The last days of Pompeii. *Paris*, Baudry 1839, 1 vol. in-8, dem.-rel., v. f.

905 Bulwer. Pelham or the adventures of a gentlemann. *Paris*, 1835, 1 vol, in-8, dem.-rel. bas.

906 Cecilia et Mémoires of an Heiress. *Dresde*, 1790, 5 vol. in-12, dem.-rel. bas.

907 J.-F. Cooper. The Lact of the Mohicans. *Paris*, Baudry, 1835, 1 vol. in-8, dem.-rel.

908 H. Fiedling. The history of Tom Jones. *Paris*, Baudry, 1831, 2 vol. in-8, dem.-rel.

909 Daniel Foe. The lefe and surprising adventures of Robinson Crusoe. *Paris*, 1825, 2 vol. in-12, dem.-rel. bas.

910 Fenimore Cooper. The Pilot, a tale of the sea. *Paris*, Baudry, 1833, 1 vol. in-8, br.

911 Olivier Goldsmith. The Vicar of Wakefield. *Paris*, Renouard, 1820, 1 vol. in-12, rel. fil. d'or.

912 Washington Irving. The Sketch-Book or Geoffrey crayon, esq. *Paris*, Baudry, 1836, 1 vol. in-8, dem.-rel. bas.

913 Samuel Richardson, Clarissa or the history of a Young ladi. *London*, 1795, 2 vol. in-8, dem.-rel. bas.

914 Sketches of the history of Man. *Basil.*, 1796, 2 vol. in-8, dem.-rel. bas.

915 Laurence Sterne. Life and opinions of Tristram Shandy, Gentlmann. *Paris*, Baudry, 1832, 1 vol. in-8, dem.-rel. bas.

916 Jonathan Swift. Gulliver 's travels. *Paris*, Baudry, 1838, dem.-rel., mar. r.

917 The Antiquary With. The author's last notes and additions *Paris*, Baudry, 1831, 1 vol. in-8, dem.-rel. bas.

918 Quentin Durward Wilth. the author's last notes and additions. *Paris*, Baudry, 1828, 1 vol. in-8, br.

919 Tales of My Landlord, *Paris*, Baudry, 1838, 1 vol. in-8, br.

920 Athenian Letters, or the Epistolary correspondence of an agent of the King of Perria residing at Athens During thePeloponnesiam War a New Edition to Wechis added a Geographical index. *Basil.* et *Strasburch*, 1800, 3 vol. in-8, dem.-rel. bas.

921 Chesterfield's Letters to his son published by mis. Eugenia Stanhope. *Londres*, 1774, 4 vol. in-8, rel. bas.

922 Letters of Junius R. B. Sheridan's Dramatic Wortis. *Paris*, Baudry, 1827-1828, 6 vol. in-24, dem.-rel. bas.

923. The Letters of Junius. The Vicar of Wakefield. Poetical Pieces, par Olivier Goldsmith. *London*, 3 vol. in-12, dem. rel. mar.

924 Sterne 's Letters. *Londres*, 1776, 3 vol. in-12, rel. bas.

925 Sir Walter Scott. Letters, ou Demonology and Witchcraft. *London*, 1831, 1 vol. in-12, cart.

926 J. d'Israeli. Curiosities of Litterature. *Paris*, Baudry, 1835, 3 vol. in-8, dem.-rel. mar.

927 Samuel Johnson. The Rambler. *London*, 1789, 4 vol. in-12, dem.-rel. bas.

928 William Enfield. The speaker or Miscellaneous, pieces selected from the bert english Writer. *Londres*, 1780, 1 vol. in-8, rel, bas.

929 The Spectator. *London*, sans date, 8 vol. in-12, rel. bas.

930 Lord Byron's Complete Works. *Paris*, Baudry, 1825, 4 vol. in-8, dem.-rel.

931 Lord Byron's the complet Works from the last London edition. *Paris*, 1838, 1 vol. gr. in-8, br.

932 George Colman the Younger. The dramatic Works. *Paris*, 1827, Baudry, 1 vol. in-32, dem.-rel. bas.

933 Gay's and Moore's fables. *Paris*, 1802, 1 vol. in-12, rel. mar. vert, fil. tr. dor.

934 Milton's Paradise lost and Paradise regained. *Londres*, 1760 et 1763, 4 vol. in-8, rel. veau, fil. d'or.

935 William Shakspeare. The complet works, with illustrations. Baudry's European library. *Paris*, 1838, 2 vol. in-8, dem.-rel. veau fauve.

936 Bell's edition of Shakespeare, plays with notes critical and illustration, avec gravures. *London*, 1774, 9 vol. in-12, rel. veau, tranches dor.

937 William Congreve the Works. *Londres*, 1753, 3 vol. in-12, rel. veau, fil. d'or.

938 Joe Millœr's complet Jest Book. *London*, 1848, 1 vol. in-18 relié.

939 Lady Mary Wortley Montagu's the Works. *London*, 1803, 5 vol. in-12, demi-rel. bas.

940 Georges Adams astronomical and geographical Essays. *London*, 1789, 1 vol. in-8, rel. bas.

941 Henry Letton Bulwer. France social, litterary, political. Baudry. *Paris*, 1834, 1 vol. in-8. br.

942 Francis L. Hawks, D. D., L. L. D. The Monuments of Egypt. *New-York*, *London*, 1850, 1 vol. in-8, rel. toile.

943 George Anson (now Lord). A Voyage Round the world en the years 1740, 1741, 2, 3 et 4. *London*, 1756, 1 vol, in-8. rel.

944 Dr Goldsmith's History of Greece. *London*, 1820, 1 vol. in-12, dem.-rel. bas.

945 A. new Cyropædia or the Travels of Cyrus. *Saint-Malo*, 1786, 2 t. en 1 vol., dem. rel. bas.

946 Dr Goldsmith's the Roman history, 3e edition. *London*, 1775, 2 vol. in-8, rel. bas.

947 B.-G. Nieburgh. Lectures, on The History of Rome from the earliest times to the fall of western Empire. Edited By Dr Leonhard Schmitz F. R. S. E., rector of the high school of Edimburgh, 2e ed. *London*, 1850, 3 vol. in-8, rel. toile.

948 Adam Fergusson. The History of the progress and termination of the Roman Republic. *Edimburgh*, 1828, 3 vol. in-8, dem.-rel. mar.

949 H. Hallam. The Constitutional history of England. *Paris*, 1827, 4 vol. in-8, br.

950 David Hume. The history of England from the invasion of Julius Cæsar in the revolution en 1688. *London*, 1786, 1 vol, in-8, rel.

951 Lingard's History of England. *Paris*, 1840. Baudry's European library, 8 vol. in-8.

952 Lord Littelton and Dr Goldsmith. A History of England in a series of lettres from a nobleman to his son. *London*, 1817, 2 vol. in-12, dem.-rel. — Joli ex.

953 Dr Roberston. History of Scotland and historical disquisition concerning ancien India. *Paris*, 1835, Baudry's European library, 1 vol. in-8, cart.

954 Sir Walter Scott. The History of Scotland. *Paris*, 1838, Baudry, 1 vol. in-8, br.

955 William Robertson. The History of the Reygn of the Emperor Charles V. *London*, 1811, 4 vol. in-8, dem.-rel. veau.

956 Washington Irwing. Mahomet and his successors. *New-York*, 1850, 2 vol. in-8, rel. toile.

957 William Robertson History of America. *London*, 1803, 4 vol in-8, dem.-rel., v.

958 Alexandro Manzoni Promissi sponsi. *Paris*, Baudry 1836, 2 vol. in-8, dem.-rel. bas.

959 Il Decamerone di Giovanni Boccaccii. *Londre*, 1774, 3 vol. in-18 rel. v., écail. fil. d'or.

960 Ludovico Ariosto. Orlando Furioso. *Paris*, 1746, 4 vol. petit in-12, rel. bas.

961 Conte Alessandro Verri. Le notti romane, avec grav. *Milan*, 1821, 2 part. rel. en 1 vol. in-12, rel. bas.

962 P. Metastasio, Drammi scelti. V. Alfieri, Tragedie scelte. Silvio Pellico, Le mie Prigioni. *Paris*, 1841. 3 vol. in-18, dem.-rel. mar. r.

963 Silvio Pellico. Mie Prigioni. *Paris*, 1833, 1 vol. in-12, aem.-rel. bas.

964 Biagoli. Grammaire italienne élémentaire et raisonnée, suivie d'un traité de la poésie italienne. *Paris*, 1825, 1 vol. in-8, dem.-rel. bas.

965 Cormon. Dictionnaire portatif et de prononciation français-italien et italien-français. *Paris*, 1836. 1 vol. in-8, rel. bas.

966 Barberi. Dictionnaire français-italien et italien-français, édition diamant. *Paris*, 1838, dem.-rel. mar.

967 Opera di Nicolo Machiavello, [cittadino et secretario fiorentino. *Italia*, 1819, 11 vol., dem.-rel. mar.

968 Cesare Beccaria. Dei delitti et delli peni. *Milan*, 1823, 1 vol. in-8, dem.-rel. bas.

969 Dante Alighieri, con commento del P. Pompeo Venturi. La Divina Comedia, nuova edizione. *Firenze*, 1837, 3 vol. in-12, dem.-rel. mar.

970 Torquato Tasso, L'Aminta; cavaliere Guarini, el Pastor fido; Antonio Ongaro, L'Alceo; conti Bonarelli, la Filli di Sario. *Nizza* 1784, 2 vol. in-12, rel., fil. d'or.

971 Torquato Tasso. Gerusalemme liberata. *Firenze*, 1823, 2 t. rel. en 1 vol., dem.-rel. mar. rouge, tr. dor.

972 Torquato Tasso. Gerusalemme liberata, publicata da A. Bustière. *Paris*, 1820, 3 vol. in-32 rel. en 2, dem.-rel. bas.

973 Torquato Tasso. La Gerusalemme liberata, traduite en latin par D. Balthazar Frambaglia. *Turin*, 1786, 2 vol. in-8, rel. bas.

974 Le Rime del Petrarca. *Livourne*, 1820, 2 t. en 1 vol., dem.-rel. mar. rouge, tr. dor.

975 Carlo Goldoni Commedie scelte. *Paris*, 1841, 1 vol. in-8, dem.-rel. bas.

976 Geronyme Cortès. Libro de physionomia natural, con un tratadello de la Unas. *Valencia*, 1700, 1 vol. in-18, dem.-rel. bas.

977 Dom Francisco Manoel de Mello (Obra posthume). Tratado da sciencia cabala, ou Noticia da arte cabalistico. *Lisboa occidental*, 1723, 1 vol. in-8, rel. veau, tr. dor.

978 Miguel de Cervantès Saavedra. Vida y hechos del ingenioso cavellero don Quixote de la Mancha. *Barcelona*, sans date, 4 vol. in-12, rel. parch.

979 Barthelemi Cormon. Dictionnaire portatif et de prononciation espagnol-français et français-espagnol à l'usage des deux nations. *Lyon*, 1800, 2 vol. in-8, dem.-rel. bas.

HISTOIRE.

GÉOGRAPHIE ET VOYAGES.

980 Comte de Las Cases. Atlas historique, généalogique, chronologique et géographique. *Paris*, 1830, Renouard, 1 vol. in-fol. rel. mar. rouge.

981 Atlas moderne, ou Collection de cartes sur toutes les parties du globe terrestre, par plusieurs auteurs. *Paris*, 1787, 1 v. in-fol. cart.

982 Bernard Varonius. Géographie générale, revue par Isaac Newton, avec des figures en taille-douce. *Paris*, 1755. 4 vol. in-12, rel. bas.

983 Hyacinthe Langlois, d'après le plan de William Guthrie. Géographie universelle, physique, politique et historique ancienne et moderne. *Paris*, 1841, 2 vol. in-12, dem.-rel. bas.

984 D'Anville. Géographie ancienne abrégée, avec cartes. *Paris*, 1768, 3 vol. in-12, rel. bas.

985 Pinkerton. Géographie moderne, rédigée sur un nouveau plan, ou Description historique, politique, civile et naturelle des empires, royaumes, États et leurs colonies, avec celle des mers et des îles de toutes les parties du monde. *Paris*, 1804, 6 vol. in-8, rel. bas.

986 J.-N. Buache. Géographie élémentaire ancienne et moderne. *Paris*, 1772, 2 vol. in-12, rel. bas.

987 Pluche (ouvrage posthume). Concorde de la géographie des différents âges. *Paris*, 1772, 1 vol. in-12, rel. bas.

988 Watkins. Nouveau Dictionnaire universel, historique, biographique, bibliographique et portatif. *Paris*, 1803, 1 fort vol. in-8, rel. bas.

989 Baudelot de Dairval. L'utilité des voyages, qui concerne la connaissance des médailles, inscriptions, statues, dieux lares, etc., enrichis de plusieurs fig. en taille douce. *Paris*, 1793, 1 vol. in-12, rel. v. fauve, fil. d'or. — Bel ex.

990 Bougainville. Voyage autour du monde en 1766, 1767, 1768 et 1769. *Paris*, 1771, 1 vol. in-4, rel. bas.

991 Daniel. Voyage du monde de Descartes. *Utrecht*, 1732, 2 vol. in-12, rel. bas.

992 Desborough Cooley. Histoire générale des voyages, des découvertes maritimes et continentales, depuis le commencement du monde jusqu'à nos jours. *Paris*, 1840, 3 vol. in-12, dem.-rel. bas.

993 De Saussure. Voyage dans les Alpes, précédé d'un essai sur l'histoire naturelle des environs de Genève. *Neuchâtel*, 1746, 4 vol. in-4; dem.-rel. veau, tr. rouges. — Rare.

994 Mémoires et observations faites par un voyageur en Angleterre, enrichi de figures. *La Haye*, 1698, 1 vol. in-12, rel. bas.

995 Dupaty. Lettres sur l'Italie en 1785. *Rome*, 1789, 2 vol in-8 réunis en un, rel. moir., fil. d'or.

996 Jacob Spon et Georges Wheber. Voyage d'Italie, de Dalmatie, de Grèce et du Levant, fait aux années 1675 et 1676. *Lyon*, 1678, 3 vol. in-12, rel. bas.

997 Muset. Voyage pittoresque en Italie et en Sicile. *Paris*, 1855, 1857, Belin-Leprieur, 2 vol. gr. in-8. — Grand nombre de fig. color., br.

998 Ch. Patin. Relations historiques et curieuses de voyages en Allemagne, en Angleterre, en Hollande, etc. *Lyon*, 1676, 1 vol. in-12, rel. bas.

999 Les Voyages du jeune Struys en Moscovie, en Tartarie, en Perse, aux Indes, et en plusieurs pays étrangers, 800 fig. *Paris*, 1682, 3 vol. in-12, rel. bas.

1000 François Bernier. Voyages contenant la description des États du Grand-Mogol, de l'Indoustan, du royaume de Kachemire, etc., enrichis de cartes et figures. *Amsterdam*, 1698, 2 vol. in-12, rel. bas.

1001 Chardin. Voyages en Perse et autres lieux de l'Orient. *Amsterdam*, 1711, 1 vol. in-12, rel. atlas in-4.

1002 Les six voyages de J.-B. Tavernier en Turquie, en Perse et aux Indes, avec gravures et planches. *Paris*, 1679, 3 vol. in-12, rel. bas. ant.

1003 Le Vaillant. Premier et second voyage dans l'intérieur de l'Afrique par le Cap de Bonne-Espérance. *Paris*, 1er voyage en 1819, 2e en 1803, 5 vol. in-8, atlas in-4, dem.-rel. bas.

1004 Univers pittoresque. Allemagne, par Ph. Le Bas, 1 vol. in-8, — Russie, par Chopin, 2 vol.; — Océanie, par Domeny de Rienzee, 3 vol.; — Suisse et Tyrol, par Ph. de Golbery, 1 vol. — Brésil, Colombie et Guyane française, par Ferd. Denis, 1 vol.; — États-Unis, par Roux de Rochelle, 1 vol.; — Grèce, par Pouqueville, 1 vol.; — Chine, première partie, par Pauthier, 1 vol.; — Italie, par Artaud, 1 vol.; — Sicile, par M. de La Salle, 1 vol.; — Suède et Norwége, par M. Le Bas, 1 vol. En tout 13 vol. in-8, avec gravures. Firmin-Didot frères.

1004 bis. J.-J. Barthélemy. Voyages du jeune Anacharsis en Grèce vers le milieu du IVe siècle avant l'ère chrétienne, belle édit. papier vélin, avec atlas in-folio. *Paris*, 1824, 7 vol. in-8, dem.-rel. dos.

1005 De Colonia. Histoire littéraire de la ville de Lyon, avec une bibliothèque des auteurs lyonnais sacrés et profanes, distribués par siècles. *Lyon*, 1728, 2 vol. grand in-4, dem.-rel. — Bel ex.

1006 Menestrier. Histoire civile ou consulaire de la ville de Lyon (avec l'horloge) *Lyon*, 1696, 1 vol. in-fol., rel. v. — Bel ex.

1007 Lyon tel qu'il était et tel qu'il est, ou Tableau historique de sa splendeur passée, suivi de l'Histoire pittoresque de ses malheurs et de ses ruines. *Paris*, Desenne, 1797, 1 vol. in-12, rel. bas.

1008 Ordonnances et règlement général de la police de la ville de Lyon, fait par Messieurs les Juges Commissaires Députés de ladite police, suivant l'édit de Sa Majesté. *Lyon*, 1662, 1 vol. in-4, rel. bas.

1009 Priviléges des foires de Lyon. *Lyon*, 1649, 1 vol. in-4, rel. bas.

1010 Paul Allut. Recherches sur la vie et les œuvres de C.-F. Menestrier, de la Compagnie de Jésus, suivies d'un recueil de Lettres inédites de ce père à Guichenon, et quelques autres Lettres de divers savants. *Lyon*, Louis Perrin, 1856, 1 vol. grand in-8, br.

1011 Montfalcon. Histoire des insurrections de Lyon en 1831 et en

1834, d'après des documents authentiques. *Lyon*, Perrin, 1834, 1 vol. in-8, dem.-rel. v.

1012 Clerjon. Histoire de Lyon, depuis sa fondation jusqu'à nos jours (siége de Lyon), ornée de figures d'après les dessins de F. F. Richard, continuée par Morin jusqu'au dit siége de Lyon. 1829-1847, 9 vol. in-8, dem.-rel. bas. et 3 vol. br.

1013 Guillon de Montléon (abbé). Mémoires pour servir à l'histoire de la ville de Lyon pendant la Révolution. *Paris*, 1824, 3 vol. in-8, dem.-rel. bas. — Très-rare.

1014 Penhouet. Lettres sur l'histoire ancienne de Lyon. *Besançon*, 1818, 1 vol. in-4, dem.-rel. bas.

1015 Darmès. Projet de monument à la mémoire du chancelier Gerson. *Lyon*, 1844, in-fol. en feuilles.

1016 Lovize Labé, Lionnaize. *Lyon*, Durand et Perrin, 1824, 1 vol. in-8, br.

1017 D'Assier de Valenches. Memorial de Dombes et tout ce qui concerne cette ancienne souveraineté, son histoire, ses princes, son parlement et ses membres, avec liste nominative, un armorial et pièces justificatives. *Lyon*, Perrin, 1854, 1 vol. gr. in-8 avec cartes, figures et blason, cart. — Rare.

1018 G. Touchard-Lafosse. La Loire historique, pittoresque et biographique, de la source de ce fleuve à son embouchure dans l'océan. *Tours*, 1851, 5 vol. in-8, fig., dem.-rel. mar.

1019 Bourassé. La Touraine, histoire et monuments, gravures illustrées par MM. Karl Girardet et Français. *Tours*, Mame, 1856, 1 vol. in-fol., br.

1020 L. M. Chandon et F. A. Delandine. Nouveau dictionnaire historique. *Lyon*, 1804, 13 vol. in-8, dem.-rel. bas.

1021 Cassien et Debelle. Album du Dauphiné, recueil de dessins représentant les sites les plus pittoresques et les ruines les plus remarquables du Dauphiné, etc., avec les portraits des personnages les plus illustres de cette ancienne province, ouvrage accompagné d'un texte historique et descriptif. *Grenoble*, 1836, 4 vol. in-4, dem.-rel. mar. — Bel ex., rare.

1022 Albert du Boys. Album du Vivarais, ou itinéraire historique et descriptif de cette ancienne province, orné de dessins représentant les points de vue et les monuments les plus remarquables du pays.

Grenoble, 1843, 1 vol. in-4, dem.-rel., mar. r., tr. dor. — Bel ex. Rare.

1023 Diodore de Sicile. Bibliothèque historique, traduction nouvelle, avec une préface, des notes et un index, par Ferd. Hoefer. *Paris*, 1851, 4 vol. in-12.

1024 Estienne Pasquier. Les recherches de la France. *Paris*, 1665, 1 vol. in-fol., rel. bas.

1025 Le Président Hénault. Nouvel Abrégé chronologique de l'histoire de France. *Paris*, 1788, 5 vol. in-12, rel. bas.

1026 François de Mezeray. Abrégé chronologique de l'histoire de France. *Amsterdam*, 1722, 12 vol. in-12, rel. bas.

1027 Michaud. Biographie universelle, ancienne et moderne, nouvelle édition. *Paris*, Thoisnier Desplaces, 1843 à 1855, t. 1 à 12, gr. in-8, br.

1028 Banier. La Mythologie et les Fables expliquées par l'histoire. *Paris*, 1738, 8 vol. in-12, rel. bas.

1029 Bayle. Dictionnaire historique. *Amsterdam*, 1734, 6 vol. in-fol., y compris le vol. de critique. 5e édit., rel. bas.

1030 Galeries historiques du palais de Versailles, publiées par Gavard. *Paris*, sans date, 8 vol. gr. in-8 jésus, reliés en percaline et composés de plus de 700 figures.

1031 Tableau de Paris, nouvelle édition corrigée et augmentée. *Amsterdam*, 1788, 12 vol. in-12, br.

1032 L'Illustration, journal universel. *Paris*, Paulin, 1856, 2 vol. in-fol., rel. toile, tr. dor.

1033 Capefigue. Histoire de la Restauration et des causes qui ont amené la chûte de la branche aînée des Bourbons, 3e édit. *Paris*, 1842, 4 vol. in-12, Charpentier, dem.-rel. bas.

1034 Abrégé chronologique des grands fiefs de la couronne de France, ouvrage servant de supplément à l'abrégé Chronologique de l'histoire de France, d'Hénault. *Paris*, 1759, 1 vol. in-12, bas., fil. d'or.

1035 La Curne de Sainte-Palaye. Mémoires sur l'ancienne chevalerie. *Paris*, 1759, 2 vol. in-12, rel. bas.

1036 Legrand d'Aussy. Des sépultures nationales et particulièrement de celles des rois de France, suivies des funérailles des rois, reines, princes et princesses de la monarchie française, depuis son origine jusques et y compris celle de Louis XVIII, par de Roquefort. *Paris*, 1824, 1 vol. in-8, dem.-rel. bas.

1037 Sully. Mémoires, ou Économies royales, d'état domestique, politique et militaire. *Amsterdam*, 1725, 12 vol. in-18, rel. bas. — Bel ex.

1038 Le comte de Las Cases. Mémorial de Ste-Hélène. *Paris*, 1844, 9 vol. in-12, br.

1039 Charles Lacretelle. Histoire de France pendant le XIIIe siècle. 4e édit. *Paris*, 1819, 6 vol. in-8, dem.-rel. bas.

1040 Charles Lacretelle. Histoire de France pendant les guerres de religion. *Paris*, 1844, 4 vol. in-8, br.

1041 Laureau. Histoire de France avant Clovis, avec fig. en taille-douce. *Paris*, 1786, rel. bas.

1042 Mémoires du cardinal de Retz. *Genève*, 1751, 7 vol. in-12, rel. bas.

1043 Duclos. Histoire de Louis XI. *Paris*, 1745, 3 vol. in-12, rel. bas.

1044 De La Rochefoucault. Mémoires sur les brigues à la mort de Louis XIII, les guerres de Paris, de Guyenne, et la prison des princes. *Cologne*, Van Dick, 1644, 1 vol. in-18, parch.

1045 Voltaire. Siècle de Louis XIV. *Paris*, 1819, Renouard, 2 vol. in-8, br.

1046 Le comte de Boulainvilliers. Histoire de l'ancien gouvernement de la France, avec quatorze lettres historiques sur les parlements et Etats-Généraux. *La Haye, Amsterdam*, 1727, 3 vol. in-12, rel. bas.

1047 Voltaire. Siècle de Louis XV. *Paris*, 1819, Renouard, 1 vol. in-8, fig., br.

1048 Schiller. Histoire de la Guerre de trente ans. *Paris*, 1839, Charpentier, 1 vol. in-12, br.

1049 Gaillard. Histoire de François Ier. *Paris*, 1819, 5 vol. in-8, rel. veau, fil. d'or. — Bel ex.

1050 Gaillard. Histoire de Charlemagne, augmentée de la Vie de Witikind-le-Grand, par Dreux de Radier. *Paris*, 1819, 2 vol. in-8, rel. veau, fil. d'or. — Bel ex.

1051 Huet. Histoire du commerce et de la navigation des anciens. 4e édition. *Paris*, 1727, 1 vol. in-12, rel. bas.

1052 Amédée de Gréban. La France maritime. *Paris*, 2 vol. in-4, fig. br. — Manquent au 1er vol. 5 feuilles de la page 144 à 193.

1053 Bossuet. Discours sur l'histoire universelle. *Paris*, 1844, 1 vol. in-12, dem.-rel. bas.

1054 Bossuet. Discours sur l'histoire universelle. *Lyon*, 1812, Ballanche, 2 vol. in-8, rel. bas., fil. d'or.

1055 Domairon. Rudiments de l'histoire. *Paris*, 1805, 3 vol. in-12, dem.-rel. bas.

1056 Mémoires de Vidocq jusqu'en 1827. *Paris*, 1829, 4 vol. in-8, dem.-rel. bas.

1057 Heiss. Histoire de l'Empire. *Paris*, 1684, 3 vol. in-4, rel. bas.

1058 Maximes d'État, ou Testament politique d'Armand Duplessis, cardinal de Richelieu. *Paris*, 1764, 2 vol. in-8, rel. bas.

1059 Le Pesant, sieur de Bois-Guillebert. Testament politique de M. de Vauban. Sans nom de ville, 1707, 2 vol. in-12, rel. bas.

1060 H. Hallam. L'Europe au moyen âge. *Paris*, 1837, 4 vol. in-8, dem.-rel. bas.

1061 Vico. Œuvres choisies, précédées d'une introduction sur sa vie et ses ouvrages, par Michelet. *Paris*, 1835, 2 vol. in-8, dem.-rel. bas.

1062 Michelet. Précis de l'histoire moderne. *Paris*, 1833, 1 vol. in-8, broch.

1063 Comte de Ségur. Histoire du Bas-Empire. *Paris*, 1843, 2 vol. in-12, dem.-rel. mar.

1064 A.-L. de Watteville. Histoire de la Confédération helvétique. *Berne*, 1754, 2 t. rel. en 1 vol., rel. bas.

1065 J.-A.-C. Buchon. Choix des historiens grecs aves notices biographiques : Hérodote, Ctésias, Arrien. *Paris*, 1837, 1 vol. in-4, dem.-rel. bas.

1066 Essai sur l'histoire de Provence, suivi d'une notice des Provençaux célèbres. *Marseille*, 1785, 2 vol. in-4, rel. bas.

1067 1° Raynal à l'assemblée constituante ; 2° La France libre, par C. Desmoulins ; 3° Discours de la lanterne, aux Parisiens ; 4° Réplique aux deux mémoires de Leleu, par le même ; 5° Réclamation en faveur du marquis de Saint-Huruge, par le même ; 6° Journal de la Tour du Temple, par Cléry ; 7° Considération sur la France (en 1797), par de Maistre, recueil en 1 vol. in-8, cart.

1068 Histoire de la conjuration de Louis-Philippe-Joseph d'Orléans, surnommé Égalité. A la fin du t. II, Histoire de la conjuration de Robespierre. *Paris*, 1796, 3 vol. in-8 en 2, dem.-rel. bas.

1069 Documents relatifs à la Révolution française, au Consulat, à l'Empire. (On trouve entre autres des discours et rapports de Robespierre, Saint-Just, Marat, Dubois-Crancé, Collot-d'Herbois, etc.), recueil ayant pour titre Révolution française, 3 v. in-8, dem.-rel. bas.

1070 Mémoires sur les Etats-Généraux, leurs droits et la manière de les convoquer. 1788, sans nom de libraire, 1 v. in-8, dem.-rel. bas.

1071 Les histoires tragiques de notre temps. etc., par François de Rosset, nouvelle édit. *Lyon*, 1742, 1 vol. in-12, rel. v.

1072 Conjuration de Nicolas Gabrino, dit de Rienzi, tyran de Rome en 1347, ouvrage posthume du P. du Cerceau. *Paris*, 1733, 2 vol. in-12, rel. bas.

1073 Aimoini monachi, qui antea Ammonii nomine editus est, historiæ Francorum, libri V. *Parisiis*, 1567, 1 vol. in-12, dem.-rel. bas.

1074 G.-F. Raynal. Histoire philosophique et politique des établissements et du commerce des Européens dans les deux Indes. *Paris*, 1820, 12 vol. in-8, avec atlas, in-4, br.

1075 L'esprit de la Ligue, ou histoire politique des troubles de la France pendant les XVIe et XVIIe siècles. *Paris*, 1767, 3 vol. in-12, rel. bas.

1076 Tressan. La mythologie comparée avec l'histoire. *Paris*, 1804. 2 vol. in-12, ornés de 16 pl. rel. bas. fil. d'or.

1077 Caii Sollii Apollinaris Sidonii Arvernorum episcopi opera. 1 vol. in-4, rel. v. fil.

1078 Collombet. Œuvres de Sollius Apolinaris Sidonius, avec le texte en regard et des notes. *Paris*, 1836, 3 vol. in-8, br.

1079 Antoine Ferrand. De l'esprit de l'histoire, ou lettres politiques et morales d'un père à son fils. *Paris*, 1809, 4 vol, in-8, rel. bas.

1080 De Norvins. Histoire de Napoléon, avec vignettes, portraits, cartes et plans. *Paris*, 1838, 4 vol. in-8, dem.-rel. bas.

1081 A. Thiers. Histoire du Consulat et de l'Empire. *Paris*, 1845-1857, 16 vol. in-8, br.

1082 Mably. Observations sur l'hist. de France. *Paris*, Kehll, 1788, 6 vol. in-12, rel. fil. d'or.

1083 Guizot. Essai sur l'histoire de France. 5e édit. *Paris*, Charpentier, 1841, 1 vol. in-12, rel. bas.

1084 Augustin Thierry. Lettres sur l'histoire de France, pour servir d'introduction à l'étude de cette histoire. *Paris*, 1834, 1 vol. in-8, dem.-rel. bas.

1085 Charles Lacretelle. Histoire de France depuis la Restauration. *Paris*, 1829, 4 vol. in-8, dem.-rel. bas.

1086 Mémoires du maréchal Marmont, duc de Raguse, de 1792 à 1841, imprimés sur le manuscrit original de l'auteur, avec le portrait du duc de Reichstadt, d'après une miniature offerte au maréchal, et celui du duc de Raguse. *Paris*, Perrotin, 1857, 9 vol. in-8, br.

1087 A. Thiers. Histoire de la Révolution française, 7e édit. *Paris*, 1838, 10 vol. in-8, avec grav., dem.-rel. — Rare.

1088 Louis Blanc. Histoire de dix ans, 1830-1840, 4e édit. Pagnerre, 1844, in-8, dem.-rel. bas.

1089 Comte de Ségur. Histoire de Napoléon et de la grande armée en 1812. 13e édit. *Paris*, 1839, 2 vol. in-8, rel. bas. fil. dor.

1090 Messire Philippe de Comines (les mémoires de), revus par Denis Sauvage, historiographe du roi Henry II. *Lyon*, 1559, 1 vol. in-4, rel. bas.

1091 Georgius Fabricius Breviarum antiquitatum romanorum. *Amstelodami*, Elzevir, 1757, 1 vol. in-18, rel. parch.

1092 Henault. Histoire critique de l'établissement des Français dans les Gaules. *Paris*, 1801, 2 t. en 1 vol. in-8, dem.-rel. bas.

1093 L'abbé Dubos. Histoire critique de l'établissement de la monarchie française dans les Gaules. *Paris*, 1742, 4 vol. in-12, rel. bas.

1094 Amédée Thierry. Histoire des Gaulois depuis les temps les plus reculés jusqu'à l'entière soumission de la Gaule. 3e édit. *Paris*, 1845, 3 vol. in-8, br.

1095 Pelloutier. Histoire des Celtes et particulièrement des Gaulois et des Germains, depuis les temps fabuleux jusqu'à la prise de Rome par les Gaulois. *Paris*, 1771, 2 vol. in-4, rel. bas. Rare.

1096 Sainte-Marthe. Les lettres de François Rabelais, écrites pendant son voyage d'Italie. *Bruxelle*, 1710, 1 vol. in-12, rel. bas.

1097 Le Grand d'Aussy. Histoire de la vie privée des Français depuis l'origine de la nation jusqu'à nos jours. *Paris*, 1782, 3 vol. in-8, dem.-rel. bas.

1098 Chalcondile, Athénien. Histoire de la décadence de l'empire grec et de l'établissement de celui des Turcs, traduit par Vigenere, Bourbonnois, et continuée par A. Thomas jusqu'en 1632. *Paris*, 1632, 1 vol., pet. in-fol., dem.-rel. bas.

1099 Olaï magni Breviarium historiæ gentium orientalium. *Lugd.-Batav.*, 1645, 1 vol. in-8, rel. parch.

1100 De la Grilletière, Lacédémone ancienne et nouvelle, où l'on voit les mœurs et les coutumes des Grecs modernes, des Mahométans et des Juifs du pays. *Paris*, 1655, 2 t. rel. en 1 vol. in-12, rel. bas.

1101 Villemain. Lascaris ou les Grecs du XVe siècle. *Paris*, 1825, 1 vol. in-8, dem.-rel. bas.

1102 Sethos. Histoire, ou vie tirée des monuments de l'ancienne Egypte, traduit d'un manuscrit grec. *Paris*, an III, 2 vol. in-8, rel. bas.

1103 A. Bonacossi. La Chine et les Chinois. *Paris*, 1847, 1 vol. in-8, broch.

1104 C. Rollin. Histoire ancienne des Egyptiens, des Carthaginois, des Assyriens, des Babyloniens, des Mèdes, des Perses, des Macédoniens et des Grecs. *Lyon*, 1849, 13 vol. in-12 en 14, dem.-rel. bas.

1105 M. de Paw, auteur des Recherches sur les Américains. Recherches philosophiques sur les Egyptiens et les Chinois. *Berlin*, 1774, 2 vol. in-12, cart.

1106 Histoire d'Assyrie, ou Histoire des monarchies de Ninive, de Babylone et d'Ecbatane, avec des vues sur les populations de l'Asie, enrichie de cartes et gravures. *Paris*, 1780, 2 vol. in-8, cart.

1107 Flavius Josephe. Histoire de la guerre des Juifs contre les Romains. Réponse à Appion, martyr des Machabées, traduit du grec par Armand Dandilly. *Bruxelles*, 1683, 5 vol. in-12, rel. bas.

1108 L'antiquité des temps rétablie et défendue contre les Juifs et les nouveaux chronologistes. *Amsterdam*, 1687, 1 vol. in-12, rel. bas.

1109 Fauriel. Histoire de la Gaule méridionale sous la domination des conquérants germains. *Paris*, 1836, 4 vol. in-8, br. — Rare.

1110 Pinkerton. Recherches sur l'origine et les divers établissements des Scythes ou Goths, servant d'introduction à l'histoire ancienne et moderne de l'Europe. *Paris*, 1804, 1 vol. in-8, rel. bas.

1111 Denys d'Halicarnasse. Les antiquités romaines, traduit en Français par Bellanger. *Chaumont*, an VIII, 6 vol. in-8, dem.-rel. bas.

1112 Crévier. Histoire des empereurs romains depuis Auguste jusqu'à Constantin. *Paris*, 1753 à 1755, 12 v. in-12, rel. bas.

1113 L'abbé de Vertot. Histoire des révolutions arrivées dans le gouvernement de la république romaine. *Paris*, 1727, 3 vol. in-12, rel. bas.

1114 P. J. Cantelois. De Romanâ Republicâ. 1691, 1 vol. in-18, dem.-rel. bas.

1115 Nieuport. Explications abrégées des coutumes et cérémonies observées chez les Romains, pour faciliter l'intelligence des anciens auteurs. *Paris*, 1741, 1 vol. in-12, rel. bas.

1116 Voltaire. Essai sur les mœurs et l'esprit des nations. *Paris* Renouard, 1819, 4 vol. in-8, br.

1117 L. M. du Roure. Histoire de Théodoric-le-Grand, roi d'Italie. *Paris*, 1846, 2 vol. in-8, br.

1118 G. de Beaumont. L'Irlande sociale, politique et religieuse. *Paris*, 1742, 2 vol. in-12, dem.-rel. bas.

1119 Stael. De l'Allemagne. *Paris*, 1839, 1 vol. in-12, dem.-rel. bas.

1120 Guicciardini. Histoire d'Italie, de l'année 1492 à l'année 1532, avec notice biographique par Jac. Buchon. *Paris*, 1836, 1 vol. in-4, dem.-rel. bas.

1121 De Pradt. Mémoires historiques sur la Révolution d'Espagne. *Paris*, 1816, 1 vol. in-8, dem.-rel. bas.

1122 Vertot. Révolution du Portugal. *La Haye*, 1763, 1 vol. in-12, rel. bas.

1123 Vertot. Histoire des Révolutions de Suède. *Paris*, 1751, 2 vol. in-12, rel. bas.

1124 Anibert. Mémoires historiques et critiques sur l'ancienne République d'Arles. *Yverdon*, 1779, 2 vol. in-12, dem.-rel. bas.

1125 Robertson. Histoire de l'Amérique. *Lausanne*, 1778, 4 vol. in-12, dem.-rel. bas.

1126 W. Robertson. Recherches historiques sur l'Inde ancienne. *Paris*, 1821, 1 vol. in-8, dem.-rel.

1127 Robertson. Histoire du règne de l'empereur Charles-Quint. *Paris*, 1771, 6 vol. in 12, rel. bas.

1128 Guizot. Histoire de la République d'Angleterre, de Cromwell. *Paris*, Didot, 1854, 2 vol. in-8, br.

1129 Guizot. Histoire de la Révolution d'Angleterre, depuis l'avénement de Charles Ier jusqu'à sa mort, 4e édit. *Paris*, V. Masson, 1850, 2 vol. in-8, br.

1130 De Levis. L'Angleterre au commencement du dix-neuvième siècle. *Paris*, 1814, 1 vol. in-8, dem.-rel. mar.

1131 Gaillard. Histoire de la rivalité de la France et de l'Angleterre. *Paris*, 1818, 6 vol. in-8, dem.-rel. bas.

1132 Léon Faucher. Etudes sur l'Angleterre. *Paris*, 1845, 2 vol. in-8, dem.-rel. bas.

1133 Georgius Hornius. Historia imperiorum et regnorum a condito orbe ad nostra tempora. *Lugd.-Batavorum*, 1666, 1 vol. in-18, rel. v., fil. or.

1134 Comines (Ph. de). Les Mémoires, revus par D. Sauvage. *Lyon*, 1559, in-4, rel. bas.

1135 Bouchot. Polybe. Histoire générale, traduction nouvelle. *Paris*, 1847, 3 vol. in-12, br.

1136 Panorama de l'Histoire universelle, ou Tableau de l'histoire de toutes les nations, jusqu'à nos jours, in-4, cart.

1137 Augustin Thierry. Histoire de la conquête d'Angleterre par les Normands, de ses causes et de ses suites, jusqu'à nos jours, 6e édition. *Paris*, 1843, 4 vol. in-8, avec atlas oblong et fig., br.

HISTOIRE DES RELIGIONS.

1138 Dictionnaire des livres jansénistes ou qui favorisent le jansénisme. *Anvers*, 1752. 4 vol. in-12, rel. bas.

1139 Essais historiques et critiques sur les Juifs anciens et modernes, ou supplément aux Mœurs des Israélites, de l'abbé Fleury. *Lyon*, 1731, 2 vol. in-12, br.

1140 M. de Ségur. Histoire des Juifs. *Paris*, 1827, 1 vol. in-12, dem.-rel.

1141 Milis. Histoire du mahométisme, contenant la vie et les traits du caractère du prophète arabe. *Paris*, 1822, 1 vol. in-8, dem.-rel. bas.

1142 A. Pichot. Les Mormons. *Paris*, 1854, 1 vol. in-12, br.

1143 Guillaume Penn. Histoire de l'origine et de la formation de la Société dite des Quakers, traduite par Bridel. 1790, 1 vol. in-18, rel. bas.

1144 Histoire des Anabaptistes, contenant leur doctrine, les diverses opinions qui les divisent en plusieurs sectes, les troubles qu'ils ont causés, enfin tout ce qui s'est passé de plus considérable à leur égard depuis l'an 1521 jusqu'à présent. *Amsterdam*, 1702, 1 vol. in-18.

1145 Audin. Histoire de Léon X. *Paris*, 1846, 1 vol. in-12 br.

1146 Audin. Histoire d'Henri VIII et du schisme d'Angleterre. *Paris*, 1847, 2 vol. in-8, dem.-rel. bas.

1147 Audin. Histoire de la vie, des ouvrages et de la doctrine de Calvin. *Paris*, 1841, 2 vol. in-8, dem.-rel. bas.

1148 Audin. Histoire de la vie, des écrits et des doctrines de Martin Luther, 5e édit. augmentée, avec un atlas de cartes, gravures, fac-simile. *Paris*, 1845, 3 vol. in-8, br.

1149 Dictionnaire historique et portatif des ordres religieux et militaires et des congrégations religieuses. *Amsterdam*, 1759, 1 vol. in-12, rel. bas.

1150 Du culte des dieux fétiches, ou Parallèle de l'ancienne religion de l'Egypte avec la religion actuelle de la Nigritie, suivie de la religion des Brahmines. 1760, 1769, 1 vol. in-12, rel. veau.

1151 Bergier. L'origine des dieux du paganisme et le sens des fables découverts par une explication, suivie des poésies d'Hésiode. *Paris*, 1767, 2 vol. in-12, rel. bas.

1152 Jacques Lenfant. Histoire du concile de Constance, avec gravures. *Amsterdam*, 1714, 1 vol. in-4, rel. bas.

1153 Ph. Chiffletius. Canones et decreta sacrosancti œcumenici concili Tridentini, Paulo III, Julio III et Pio IV pontificibus maximis celebrati, avec trois portraits. *Lugduni*, 1692, Valfray, 1 vol in-18, rel. bas.

1154 Hermant. Histoire de l'établissement des ordres religieux et des congrégations régulières et séculières de l'Église. *Paris*, 1647, 1 vol. in-12, rel. bas.

1155 J.-A. Llorenti. Histoire critique de l'inquisition d'Espagne depuis son établissement par Ferdinand V jusqu'au règne de Ferdinand VII. *Paris*, 1818, 4 vol. in-8, br.

1156 Relation de l'inquisition de Goa. *Paris*, 1688, 1 vol. in-12, rel. bas.

1157 Dupuy. Traités concernant l'Histoire de France, savoir : La condamnation des Templiers, avec quelques actes ; Histoire du schisme, les papes tenant le siége en Avignon. *Paris*, 1654, 1 vol. in-4, rel. bas.

1158 Mémoires historiques sur les Templiers, par Renouard. *Paris*, 1805, 1 vol. in-8, dem.-rel. bas.

1159 Recherches historiques sur les Templiers et sur leurs croyances religieuses. *Paris*, 1835, 1 vol. in-8, dem.-rel. bas.

1160 Fra Paolo Sarpi. Histoire des conciles de Trente, traduite de l'italien, avec des notes critiques, théologiques et historiques, par Le Couroyer. *Amsterdam*, 1736, 2 vol. in-4, rel. bas.

1161 Fra Paolo Sarpi. Histoire du concile de Trente, traduite de l'italien, par Amelot de la Houssaye. *Amsterdam*, 1686, 1 vol. in-4, rel. bas.

1162 Jacques Lenfant. Histoire de la guerre des Hussites et du concile de Basle, enrichie de portraits. *Utrecht*, 1731, 1 vol. in-4, rel. bas.

1163 Jacques Lenfant. Histoire du concile de Pise, enrichie de portraits. *Utrecht*, 1731. 1 vol. in-,4, rel. bas.

1164 Les Constitutions des Jésuites avec les déclarations, texte latin, d'après l'édition de Prague, traduction nouvelle. *Paris*, 1845, 1 vol, in-12, br.

1165 Arcana Societatis Jesu publico bono vulgata, etc. 1635, 1 vol. in-12, rel. bas.

1166 Le Catéchisme des Jésuites, ou Examen de leur doctrine. *Villefranche*, 1602, 1 vol. in-8, rel. parch. — Rare.

1167 Cerutti. Apologie générale de l'Institut et de la doctrine des Jésuites. *Soleure*, 1 vol. in-8, rel. bas.

1168 La Vie de saint Ignace, fondateur de la compagnie de Jésus. *Paris*, 1671, 1 vol. in-12, dem.-rel. bas.

1169 J.-P. Maffeius. Vita sancti Ignatii. *Lugduni*, 1658, 1 vol. in-12, br.

1170 Montlosier. Dénonciations aux cours royales relativement au système religieux et politique. *Paris*, 1826, 1 vol. in-8, dem.-rel. bas.

1171 Hermant. Histoire des hérésies et des autres erreurs qui ont troublé l'Eglise. *Rouen*, 1727, 4 vol. in-12, rel, bas.

1172 Historia flagellantium de recto et perverso flagrorum usu apud christianos, par l'abbé Boileau. *Parisiis*, 1700, Anysson, 1 vol. in-12. bas.

1173 Œuvres de Bossuet. Histoire des variations des Eglises protestantes, instruction pastorale sur les promesses de l'Église. *Paris*, 1856, Didot, 4 vol. gr. in-8, dem.-rel. mar. noir.

1174 Bossuet. Histoire des variations des Églises protestantes. *Paris*, 1747, 4 vol. in-12, rel. bas.

1175 Ch. Villers. Essai sur l'esprit et l'influence de la réformation de Luther, 2e édition. *Paris*, 1804, 1 vol. in-8, rel. bas.

1176 Maccré. De la Réforme en Italie au XVIe siècle, son progrès et son extinction. *Paris*, 1834, 1 vol. in-8, br.

1177 Adrien Baillet. Histoire des démeslez du pape Boniface VIII avec Philippe-le-Bel roy de France. *Paris*, 1718, 1 vol. in-12, rel. bas.

1178 Satire Menipée, de la vertu du catholicon d'Espagne et de la Témaca des États de Paris. *Ratisbonne*, 1752, dernière édition, divisée en 3 tomes, enrichie de figures en taille douce, 3 vol. in-8, rel. bas.

1179 J. Duvernet. Histoire de la Sorbonne, dans laquelle on voit l'influence de la théologie sur l'ordre social. *Paris*, 1791, 2 vol. in-12, br.

1180 Appelaus célèbres ou abrégé de la vie des personnes les plus recommandables entre ceux qui ont pris part à l'appel interjeté contre la bulle Unigenitus. 1753, rel.

1181 Vie de Madame Lafosse, guérie miraculeusement le 31 mai 1725 à la procession du St-Sacrement de la paroisse de Ste-Marguerite. *En France*, 1769, 1 vol. in-12, rel. bas.

1182 Berruyer. Histoire du peuple de Dieu depuis son origine jusqu'à la naissance du Messie. *Paris*, 1738, 7 vol. in-8 en 8, rel. bas.

1183 Philippi Claverii. Introductionis in universam geographiam tam veterem quam novam libri VI, accessit P. Bertis Breviarium orbis terrarum. *Amstelodami apud*, Lud. Elzevirium, 1651, 1 vol. in-18, rel. bas. — Bel ex.

1184 Martin (D.-Jac.). Explication de divers monuments singuliers qui ont rapport à la religion des plus anciens peuples. *Paris*, 1739, in-4, fig., rel.

1185 Martin (D.-Jac.). La Religion des Gaulois tirée des plus pures sources de l'antiquité, ouvrage enrichi de figures en taille douce. *Paris*, 1727, 2 vol. in-4.

1186 Delandine. L'enfer des peuples anciens ou histoire des dieux infernaux. *Paris*, 1784, 1 vol. in-12, rel. bas.

1187 Le baron de Ste-Croix. Recherches historiques et critiques sur les mystères du paganisme, 2e édition revue et corrigée par le baron Silvestre de Sacy. *Paris*, 1817, 2 vol. in-8, dem.-rel. bas.

1188 Pluche. Histoire du ciel où l'on recherche l'origine de l'idolâtrie et la méprise de la philosophie. Nouvelle édition avec fig. *Amsterdam*, 1759, rel. bas.

1189 J. de Palme. Le Politique très-chrétien ou discours politiques sur les actions principales de la vie de feu M. le cardinal de Richelieu. *Paris*, 1647, 1 vol. in-18, parch., fermoir.

MÉLANGES.

1190 Auteurs déguisez sous des noms étrangers, empruntés, supposés, feints à plaisir, chiffrés, renversés, retournés ou changés d'une langue en une autre. *Paris*, 1640, 1 vol. in-12, rel. bas.

1191 De Vulson. Les portraits des hommes illustres français qui sont peints dans la galerie du palais du cardinal de Richelieu. *Paris*, 1668, 1 vol. in-12, rel. v. — Bel ex.

1192 Trithemius. Stenographia. 1721, 1 vol. in-4, rel. veau.

1193 J.-B. Porta. De occultis litterarum notis, etc. 1606, 1 vol. in-12, parch.

1194 D. Petavius. Rationarium temporum, avec pl. et cartes. *Lugd. Batav.*, 1710, 1 vol. in-8, parch.

1195 Legenda. Opus aureum quod, etc. 1531, 1 vol. in-4, rel. bas.

1196 Gustave Brunet. Les propos de table de Martin Luther. Traduit pour la première fois en français. *Paris*, 1844, 1 vol. in-12, br.

1197 Vasconiana. Recueil des bons mots, des pensées les plus plaisantes et des rencontres les plus vives des Gascons. *Paris*, 1710, 1 vol. in-12, rel. bas.

1198 Sorbières. Sorberiana, ou bons mots, rencontres agréables, pensées judicieuses et observations curieuses. *Amsterdam*, 1644, 1 vol. in-18, rel. bas.

1199 Saint-Evremonia ou dialogues des nouveaux Dieux, dediés à M. Bontemps. *Paris*, 1700, 1 vol. in-12, rel. v.

1200 Barclaii Argenis. *Lugd. Batavorum*, frères Hackius, anno 1659, 1 vol. in-8, rel. bas.

1201 Furetière. Ana, ou les bons mots et les remarques, histoires de morale, de critique, de plaisanterie et d'érudition. *Paris*, 1 vol. in-12, rel. bas.

1202 De Frankenay. H. Nebringius De Palingenesia. 1717, 1 vol. in-4, parch.

1203 Œuvres de Théophile, divisées en 3 parties, contenant l'immortalité de l'âme, les tragédies et les pièces qu'il a faites pendant la prison. *Lyon*, 1677, 1 vol. in-8, rel. bas.

1204 Encomium Mariæ. *Londini et Parisiis*, 1777, 1 vol. in-12, bas., fil. et tr. or.

1205 Ménage. Ménagiana, ou les bons mots et remarques critiques, historiques, morales et d'érudition. *Paris*, 1715, 4 vol. in-12, rel. bas.

1206 L'esprit de la Mothe Le Vayer, par M. de M. C. D. S. P. D. L. 1763, rel. bas.

1207 Variétés sérieuses et amusantes. *Amsterdam*, 1765, 2 vol. in-12, rel. bas.

1208 Rabelais (œuvres de maître), publiées sous le titre de Faits et dits du géant Gargantua et de son fils Pantagruel, avec la prononciation pantagrueline, etc. *Amsterdam*, 1711, 5 vol. in-12, rel. v.

1209 Hervey. Méditations traduites de l'anglais, par M. Le Tourneur. *Lausanne*, 1781, 1 vol. in-12, dem.-rel. bas.

1210 Beroalde de Verville. Le moyen de parvenir, publié pour la première fois avec un commentaire historique. *Paris*, 1841, 1 vol. in-12, dem.-rel. bas.

1211 Laus asini. 1629, Elzevir, 1 vol. in-24, rel. v.

1212 Bonaventure des Periers. Le Cymbalum mundi et autres œuvres, réunies pour la premières fois, et accompagnées de notices et de notes, par Paul-L. Jacob, bibliophile, avec une lettre à M. de Schonen, contenant une clef du Cymbalum, par Eloi Johannon. *Paris*, 1841, 1 vol. in-18, dem.-rel. bas.

1213 Antoine Mollière. Metaphysique de l'art. *Lyon*, 1849, 1 vol. in-8, br.

1214 Collection complète de tous les ouvrages pour et contre M. Necker, avec des notes critiques, politiques et secrètes. Enrichi du portrait de M. Necker et d'une belle gravure représentant Madame la princesse de P. avec madame Necker. *Utrecht*, 1782, 3 vol. in-12, rel. en 1, dem.-rel. avec fil. d'or.

1215 Histoire de l'origine et des premiers progrès de l'imprimerie. *La Haye*, 1740, 1 vol. in-4, rel. bas.

1216 Busbecquius. Omnia quæ exstant. *Lugd.-Batavorum*, Elzev., 1633, 1 vol. in-24, mar. rouge, fil. et tr. or.

1217 Naudæana et Patiniana, ou singularités remarquables prises des conversations de MM. Naud et Patin. *Paris*, 1701, 1 vol. in-12, rel. bas.

1218 Scaligeriana. *Colonia-Agrippina*, 1667, 1 vol. in-18, rel. bas.

1219 Omnia Andreæ Alciati Emblemata. *Antverpiæ*, Christophus Plantinus, 1574, 1 vol. in-18, jolie rel. en v. avec fig. dans le texte.

1220 J.-B. Menckenius. De charlataneria eruditorum declamationes duæ, etc. *Amstelodami*, 1727, 1 vol. in-12, parch.

1221 Les baisers, précédés du Mois de mai. *La Haye*, 1770, 1 vol. in-8, avec fig., rel. v., fil. d'or.

1222 De Brebeuf. La Pharsale de Lucain, ou les guerres civiles de César et de Pompée, en vers français. *La Haye*, 1683, 1 vol. in-18, rel. bas.

ARTICLES OMIS.

1223 Dalloz (Armand). Jurisprudence générale du royaume en matière civile et commerciale, par ordre alphabétique des matières depuis l'origine de la cour de cassation jusqu'à y compris 1830. 12 vol. in-4, recueil périodique faisant suite à la Jurisprudence générale de 1825 à 1855, 31 vol. ; en tout 43 vol. in-4, dem.-rel. bas., dont 2 en livraisons.

1224. Deshayes. Traité élémentaire de conchyliologie, avec l'application de cette science à la géognosie. *Paris*, 1857, gr. in-8, livraisons de 1 à 15 avec figures coloriées.

1225 Dictionnaire complet des langues française et allemande, par l'abbé Mozin, Gusiot, Biber, etc. *Stuttgard et Tubingue*, 1850, 5 vol. gr. in-8 en 10 parties, br.

EXTRAIT

DU

CATALOGUE DE LA LIBRAIRIE DE SAVY

Place Bellecour, 11.

POMOLOGIE FRANÇAISE, recueil des plus beaux fruits cultivés en France, ouvrage orné de magnifiques gravures, avec texte descriptif et usuel, rédigé par M. A. Poiteau, 430 livraisons formant 4 vol. in-fol., classées en 16 monographies, fig. col., reliure maroquin chagrin. Prix. 600 fr.

IMITATION DE JÉSUS-CHRIST, traduction de Chancellier de Marillac avec la reproduction des anciens manuscrits, depuis le VIe jusqu'au XVIIe siècle, avec ses appendices, texte illuminé et orné de portr. coloriés. *Paris*, Curmer, 1857, 1 fort vol. gr. in-8, reliure maroquin, chagrin. Prix. 325 fr.

FLORE MÉDICALE, décrite par MM. Chaumeton, Poiret, Chamberet, publié par Panckoucke. *Paris*, 1846, 7 vol. gr. in-8, planches coloriées, dem.-rel. mar. chagrin, tranches blanches. Prix. 160 fr.

DESCRIPTION DES POISSONS FOSSILES provenant des gisements coraliens du Jura dans le Bugey par M. Victor Thiollière, publiée en 3 livraisons gr. in-fol. papier vélin avec des fig. de grandeur naturelles et lithographiées en couleur pour faire suite à l'Atlas des recherches sur les poissons fossiles, par M. Agassiz. La première livraison est en vente. *Paris-Lyon*, 1854. Prix. 20 fr.
La 2e livraison paraîtra incessament.

ARMORIAL UNIVERSEL, précédé d'un Traité complet de la science du blason et suivi d'un supplément par Jouffroy D'Eschavannes. *Paris*, Curmer, 1844 à 1848, 2 vol. gr. in-8, rel. toile, tranches dorées. — Rare. Prix. 60 fr.

TRAITÉ ENCYCLOPÉDIQUE et méthodique de la fabrication des tissus, par Falcot, 2e édition, ornée du portrait de Jacquard et de celui de l'auteur. *Mulhouse*, 1852, 3 vol. in-4, dont 300 pl. et 2000 dessins, br. — Rare. Prix. 50 fr.

MÉMORIAL DE DOMBES et tout ce qui concerne cette ancienne souveraineté, son histoire, ses princes, son parlement et ses membres, avec liste nominative, un armorial et pièces justificatives, par d'Assier de Valenches, 1523-1771. *Lyon*, Louis Perrin, 1854, 1 vol. gr. in-8, cart. Prix. 15 fr.

MINÉRALOGIE ET GÉOLOGIE du département du Rhône, disposées suivant l'ordre alphabétique, ouvrage couronné par la Société d'agriculture de Lyon, par MM. Drian, Fournel et Thiollière. *Lyon*, 1854, 1 fort vol. gr. in-8, papier vélin. Prix. 10 fr.

NOUVELLE FLORE du Péloponèse et des Cyclades, par MM. Chaubard et Bory de Saint-Vincent. *Paris*, 1838, 1 vol. in-fol. avec 42 planches coloriées et noires, cartonné. Prix. 50 fr.

JURISPRUDENCE DES MINES à l'usage des exploitants, maîtres de forges, ingénieurs et des fonctionnaires, par M. Étienne Dupont, ingénieur des mines et directeur de l'École des maîtres-ouvriers-mineurs d'Alais (Gard). *Paris-Lyon*, 1853, 2 vol. in-8, broché. Prix. 18 fr.

LÉGISLATION DES MINES, minières, carrières, tourbières, usines, sociétés d'exploitation et chemins de transport, par M. Peyret-Lallier, avocat, ancien membre de la chambre des députés. *Paris-Lyon*, 1842, 2 vol. in-8, br. — Rare. Prix. 15 fr.

Lyon. — Imp. d'Aimé Vingtrinier, quai Saint-Antoine, 36.

www.ingramcontent.com/pod-product-compliance
Ingram Content Group UK Ltd.
Pitfield, Milton Keynes, MK11 3LW, UK
UKHW020938180726
13838UKWH00003B/1015

9 782329 212036